DES EFFETS

DE LA

POSSESSION DES MEUBLES

EN DROIT ROMAIN & EN DROIT FRANÇAIS

THÈSE POUR LE DOCTORAT

SOUTENUE PUBLIQUEMENT

Dans la Grande Salle de la Faculté de Droit, le 16 Février 1883,
à 3 heures du soir

PAR

TH. TISSIÉ

Né à Tonneins (Lot-et-Garonne)

CAEN

IMPRIMERIE ADMINISTRATIVE DE E. VALIN

5, RUE AU CANU, 5

1883

JURY D'EXAMEN

MM. CAUVET, Professeur.

CAREL, id., *Président.*

JOUEN, id.

DANJON, id.

DUGUIT, Agrégé.

DES EFFETS

DE LA

POSSESSION DES MEUBLES

EN DROIT ROMAIN ET EN DROIT FRANÇAIS.

INTRODUCTION.

De tous les droits de l'homme sur la nature, le plus étendu et en même temps le plus énergique est incontestablement la propriété. Par elle le propriétaire peut, à l'exclusion de tous autres, exercer sur sa chose sa volonté et son action ; il peut en outre en disposer comme bon lui semble.

Le simple exercice de ce droit, la détention de la chose unie à la volonté de la traiter en maître, constitue la possession. Celle-ci est en fait, ce qu'est en droit la propriété.

D'ordinaire, le propriétaire possède sa chose et ne possède qu'elle. Toutefois, il est des cas, et ces cas sont surtout fréquents pour les meubles, où ce n'est pas le propriétaire, mais bien un tiers qui possède. De là, entre le droit et sa manifestation, entre le titulaire du droit et le détenteur de la chose, s'élève un conflit.

Pour le trancher, le législateur a dû, de tout temps, régler les effets à attacher à la possession considérée soit en elle-même, soit à l'égard des tiers ou du propriétaire.

Cette réglementation n'est pas sans offrir de sérieuses difficultés. S'il est juste, en effet, de protéger le propriétaire contre toute atteinte à son droit et au besoin de le réintégrer dans son bien, il n'en est pas moins dur de laisser indéfiniment exposé à l'éviction l'acquéreur d'un objet qui passait pour la propriété du tiers aliénateur. Quelle faute peut s'imputer le possesseur actuel ? Serait-ce son erreur, le plus souvent invincible ? Mais l'inaction et le silence prolongés du propriétaire dépossédé ne peuvent-ils pas le faire considérer comme ayant implicitement renoncé à son droit ? Du reste, que d'opérations relatives à ce meuble, qui a pu passer entre tant de mains, sa tardive réclamation ne va-t-elle pas mettre à néant ! Aussi, en tout temps, l'intérêt public a-t-il fait accorder à la possession une existence légale et des effets importants, qui font d'elle une institution sociale.

Ce sont ces effets, considérés par rapport aux meubles, qui vont faire l'objet de cette étude en droit romain et en droit français.

DROIT ROMAIN.

PRÉLIMINAIRES.

Bien qu'à Rome la possession ne correspondît pas à tous les droits, dès l'origine néanmoins elle fut reconnue et réglementée en tant que distincte de la propriété.

Tout d'abord le seul fait de l'entrée en possession, quand il n'accompagnait pas l'occupation d'une *res nullius* ou la transmission de la propriété, ne conférait aucun avantage particulier. Mais la possession se prolongeait-elle pendant un temps déterminé : alors, par l'effet de l'usucapion, l'état de fait se transformait en droit, le possesseur devenait propriétaire et en cette qualité pouvait exercer la revendication. De son côté, l'ancien propriétaire se trouvait dépouillé et son action tombait désormais devant le droit nouveau, né de l'usucapion.

Pendant le temps requis pour cette transformation de l'état de fait au droit de propriété, le possesseur de bonne foi acquérait la propriété irrévocable des fruits qu'il percevait. Quant à l'objet lui-même, il n'en restait pas moins exposé sans défense aux réclamations du propriétaire et aux attaques des tiers. Le préteur vint à son secours et, par les interdits, mit sa possession à l'abri de toute tentative injuste. Il fit plus : non content d'avoir protégé le possesseur par un mode de défense qui lui est propre, les interdits, il entra même dans le domaine des actions et créa en sa faveur la publicienne.

Par elle, en effet, et grâce à une fiction, il lui permit d'user de l'attribut même du droit de propriété, la revendication.

Tels sont les effets attachés à la possession romaine que nous allons successivement examiner, en les envisageant au seul point de vue des meubles.

CHAPITRE I.

DE L'USUCAPION.

SECTION I.

DE SA NATURE ET DE SES EFFETS.

Un des plus anciens monuments de la législation romaine (1), atteste l'existence de l'usucapion, mode d'acquérir la propriété par une possession prolongée.

Les premiers Romains, ramassis des divers peuples de l'Italie, avaient, par la force des armes, conquis un

---

(1) Loi des XII Tables. Cf. Gaïus II, § 42.

territoire et formé le noyau d'une société. Aussi dési-
reux de préserver leur conquête qu'ils avaient été peu
scrupuleux à dépouiller leurs voisins, ils organisèrent
la propriété avec une rigueur sans égale. En portant
contre l'étranger la loi d'une éternelle revendication (1),
ils le mirent dans l'impossibilité d'acquérir et se réser-
vèrent pour eux seuls cette faculté. En outre, pour certains objets, éléments indispensables à toute société
naissante, les *res mancipi*, ils exigèrent l'emploi de
certains modes spéciaux. Une seule des conditions requises venait-elle à défaillir, l'aliénateur conservait
son droit de propriété et le cessionnaire n'acquérait que
quelques avantages de fait, connus sous le nom de *in
bonis*. La création de l'usucapion permit de purifier
l'acquisition de ces vices et de la transformer en propriété quiritaire. Telles furent son origine et son utilité
première.

Comme toute bonne institution, l'usucapion reçut
dans la suite (2) de nouvelles applications. De ce que
celui qui avait reçu la chose *in bonis* devenait par l'usucapion propriétaire *ex jure quiritium*, on admit également le cessionnaire du bonitaire à transformer, lui
aussi, en propriété quiritaire, les droits que son auteur
lui avait transmis. De là, à concéder le bénéfice de l'usu-

---

(1) Adversus hostem æterna auctoritas.

(2) La logique, que vient corroborer l'ordre dans lequel Gaïus, au § 43
de ses *Institutes*, énumère les applications de l'usucapion, invite à émettre
cette opinion.

capion à l'acquéreur de bonne foi d'un tiers non-propriétaire, il n'y avait qu'un pas : et ce pas fut fait. Les principes étaient d'ailleurs sauvegardés, puisque, pas plus que le tiers aliénateur, le bonitaire n'était, à rigoureusement parler, propriétaire du bien transmis.

Tel est, du reste, l'état de la législation que nous trouvons consigné dans les institutes de Gaïus. (1).

Par l'usucapion, le possesseur acquérait la chose et l'expression même du droit de propriété, la revendication. Un tiers s'emparait-il de l'objet usucapé, la revendication l'obligeait à restituer. L'ancien propriétaire lui-même essayait-il de rentrer dans son bien, en exerçant la revendication ; son action échouait devant l'exception *justi dominii*, invoquée par le nouveau propriétaire.

D'après Ulpien, l'usucapion est l'acquisition de la propriéte par une possession continue d'un ou deux ans (2). En prenant le mot *adeptio* dans son sens strict, cette définition amène à regarder l'usucapion comme un mode originaire d'acquisition de la propriété. Par suite, il faudrait conclure que les tiers, qui ont acquis du chef du précédent propriétaire quelques droits sur le meuble usucapé, sont eux aussi dépouillés comme le propriétaire lui-même. Mais une autre défini-

---

(1) Gaïus II, §§ 41 et 43.

(2) Usucapio est autem dominii adeptio per continuationem possessionis anni vel biennii. (Ulp. reg. XIX, § 8.)

tion, donnée par Modestin (1), nous fait incliner vers la théorie contraire, qui regarde l'usucapion comme un mode dérivé d'acquérir la propriété. Cette solution, conforme à la définition de Modestin, s'autorise, en outre, des principes généraux de la possession romaine. D'après une conception assez naturelle, quoique peu juridique, du droit de propriété, les premiers Romains n'avaient reconnu de possession distincte que pour ce dernier droit. Aussi l'usucapion, qui repose sur la possession, ne pouvait-elle dépouiller que le propriétaire, en lui substituant le nouveau titulaire : « *Tantum præscriptum, quantum possessum.* » Quant aux droits antérieurement acquis à l'objet, ainsi que les charges qui le grevaient, ils n'en persistaient pas moins. C'est ce que confirment expressément deux passages d'Ulpien.

Le premier dit en effet que : « L'usucapion de la propriété, survenant après la constitution de l'usufruit, n'entraîne pas l'extinction de ce dernier » (2) ; et l'autre : « Seules, les servitudes ne peuvent être usucapées ; mais, prescrites avec les édifices dont elles dépendent, elles le peuvent. » (3).

Les immeubles provinciaux ne pouvaient être usucapés, et les pérégrins qui n'avaient pas reçu la concession spéciale du commercium, étaient incapables

---

(1) Usucapio est adjectio dominii per continuationem possessionis temporis lege definiti. (L. 3, Dig. XLI, 3.)

(2) L. 17, § 2. D. VII, 1.

(3) L. 10, § 1. D. XLI, 3.

d'acquérir civilement et d'usucaper. Ces lacunes sollicitèrent les réformes des préteurs. Ceux-ci, d'après leur coutume (1) si sage et vraiment politique, introduisirent, à côté de la vieille usucapion, à laquelle ils laissèrent toute sa force et sa majesté, une institution nouvelle, destinée à en corriger et adoucir le rigorisme excessif. A une époque que l'on ne saurait préciser, ils créèrent un moyen de défense, la *præscriptio longi temporis* (2), destinée à repousser la revendication utile du quasi-propriétaire. Des deux cas spéciaux qui motivèrent sa création, la prescription fut étendue, dans la suite, aux cas même spécialement protégés par l'usucapion. C'est ainsi qu'un rescrit d'Antonin (3) l'applique aux meubles. On ignore si cet acte impérial innove sur ce point ou bien se borne à reconnaître le droit préexistant ; toujours est-il qu'à partir de ce prince, le possesseur de meubles pouvait opposer à la revendication du propriétaire l'exception tirée de la prescription. Par la nature même de ce moyen de défense, le possesseur repoussait non seulement le propriétaire, comme dans l'usucapion, mais encore les tiers qui invoquaient des droits sur le meuble. Cet avantage, croyons-nous, a été

---

(1) « Jus prætorium est quod prætores introduxerunt, adjuvandi, vel supplendi, vel corrigendi juris civilis gratia, propter utilitatem publicam. » (L. 7, § 1, Dig. L, 1.)

(2) Ea res agatur, cujus non est possessio longi temporis.

(3) Rescriptis quibusdam divi Magni Antonini cavetur, ut in rebus mobilibus locus sit præscriptionis diutinæ possessionis. (L. 9, Dig. XLIV, 3.)

la cause de l'extension de la prescription aux meubles, qui étaient susceptibles d'hypothèque et d'usufruit, droits réels indépendants de la propriété.

Si l'usucapion n'était pas interrompue par la *litis contestatio*, il n'en était pas de même de la prescription (1), moyen de défense né de la formule même. Aussi, pour pouvoir être utilement opposée, la prescription devait être parfaite au jour même de la délivrance de la formule.

La prescription, ne donnant naissance qu'à une exception, ne pouvait servir qu'à celui qui était en possession et par suite défendeur à l'instance. Celui-ci avait donc tout intérêt à n'être pas dépossédé, puisqu'il n'avait pas d'action pour recouvrer la chose.

Un progrès de la jurisprudence amena à donner la revendication à titre utile à celui qui avait prescrit (2). Plus tard, le préteur accorda la Publicienne avant même que le délai requis pour la prescription ne fut accompli.

Ces innovations, assimilant en quelque sorte les effets d'abord si différents de l'usucapion et de la prescription, amenèrent Justinien à les confondre. Du reste la suppression de la distinction purement arbitraire entre les fonds provinciaux et italiques d'une part, et, de l'autre, l'extension du *jus civitatis* à tous les sujets de l'empire lui permirent de fondre ces deux institu-

----

(1) L. 2, Code VII, 33.
(2) L. 8 pr. C. VII, 39.

tions en un seul type (1). — Désormais tout possesseur pérégrin ou Romain, acquit *ipso jure* la propriété des meubles qu'il détenait.

Quels effets Justinien a-t-il attachés à sa nouvelle institution ? Quelles règles doit-on appliquer : celles de l'ancienne usucapion, ou bien celles de la prescription ? Cette question est diversement résolue par les meilleurs interprètes du droit romain.

Les uns pensent que Justinien a appliqué aux meubles les règles de l'ancienne usucapion et aux immeubles, celles de la prescription. Ils remarquent qu'ordinairement Justinien se sert du mot *usucapio* lorsqu'il parle de meubles, réservant aux immeubles celui de *præscriptio* : aussi conserve-t-il aux immeubles le délai de cette dernière, tandis que pour les meubles il fixe un délai qui se rapproche davantage de celui de l'ancienne usucapion.

Quelques auteurs, au contraire, estiment que pour les deux classes d'objets, meubles et immeubles, Justinien a appliqué les effets de la prescription, tout en lui accordant de transférer *ipso jure* la propriété civile, la seule du reste qui subsistait. Par suite, les droits réels, appartenant à des tiers, sont éteints, et l'usucapion, interrompue par la *litis contestatio*. Cette opinion repose sur l'idée qui paraît dominer l'ordre des réformes de Justinien. Celui-ci, après avoir, dans une première

______

(1) L. un. C. VII, 31.

constitution (1), armé le possesseur d'une revendication utile contre le tiers qui prétend garder le meuble en vertu d'un droit réel, en élabore une seconde qui réunit en une seule les deux institutions. Il ne peut avoir, disent-ils, par cette seconde constitution, voulu annihiler la prescription que, peu de temps auparavant, il venait de confirmer par de sérieux avantages.

D'autres interprètes enfin, à l'avis desquels nous nous rangerons, croient que Justinien s'est borné à conserver l'ancienne usucapion avec ses effets. Cela résulte, suffisamment, croyons-nous, du texte même des institutes (2) qui, indiquant en le précisant le sens de la réforme opérée par la fusion des deux institutions, emploient le mot technique d'*usucapion*. Or, jusqu'à preuve contraire, qui conserve le mot, conserve la chose. Nous dirons donc que l'usucapion de Justinien elle aussi laissa subsister les droits réels des tiers. Toutefois, comme l'hypothèque et l'usufruit, seuls droits réels pouvant grever les meubles, étaient susceptibles de s'éteindre, l'une par une usucapion indépendante (3) et l'autre par le non usage (4), lorsque leur point de départ coïncidait avec celui de la prescription, ces droits disparaissaient au moment même où la propriété était acquise. De même, comme dans l'ancienne législation, la litis contestatio n'interrompait pas l'usucapion :

---

(1) L. 8, Code VII, 39.
(2) Just. Inst. de usucap. pr.
(3) L. 12, C. VII, 33.
(4) Just. Inst. de usufr. 3.

telle est la décision que nous trouvons consignée aux institutes (1). Quant à la phrase incidente de la Novelle 119 qui vient contredire cette solution, nous la regarderons comme un lapsus échappé à la plume de Justinien, ou tout au moins comme un changement d'idées survenu après la rédaction de ses Institutes.

SECTION II.

CONDITIONS DE L'USUCAPION.

Quelles conditions l'usucapion devait-elle réunir pour produire les effets que nous venons d'énumérer ? Elle devait porter sur un objet susceptible d'usucapion, reposer sur un *juste titre*, commencer de *bonne foi* et durer pendant un temps déterminé. Nous allons étudier sommairement ces quatre points différents.

§ I. — Des meubles qui peuvent être usucapés.

Sont seuls susceptibles d'usucapion les meubles que l'on peut posséder. En seront par conséquent exclus : les meubles incorporels tels que les créances, et tous ceux qui ne sont pas dans le commerce, tels que les hommes libres, les choses sacrées, religieuses et saintes

---

(1) Just. Inst. IV, 17, § 3.

et celles du peuple romain (1), des cités et du fisc. (2)
Ces dernières toutefois, régies par des lois particulières,
pouvaient être usucapées, lorsqu'elles dépendaient
d'une succession vacante non encore dénoncée aux
agents fiscaux (3). La loi des XII tables avait soustrait
à l'usucapion les *res mancipi* livrées par une femme en
tutelle, en dehors de l'autorisation de son tuteur. Un
sénatus-consulte de Septime Sévère et, à tout le moins,
les constitutions de Justinien, déclarèrent également
imprescriptibles les meubles des pupiles (4)... Seule la
prescription trentenaire mettait les tiers possesseurs
à l'abri de *l'in integrum restitutio* (5).

Tout meuble volé avec ou sans violence est désormais
entaché d'un vice qui crée un obstacle invincible à l'u-
sucapion. Telle est la règle posée par la loi des XII tables (6) et renouvelée par un plébiscite connu sous le
nom de loi *atinia* (7). Aucun texte n'indique positive-
ment la portée de cette dernière loi. Toutefois on admet
assez généralement qu'elle a eu pour but de créer une
dérogation à la règle de l'imprescriptibilité absolue de
la chose volée, en permettant d'insérer dans la formule

---

(1) L. 9, Dig. XLI, 3.
(2) Inst. II, 6, § 9.
(3) Inst. II, 6, § 9.
(4) L. 3, C. VII, 39.
(5) L. 5, C. II, 41.
(6) Furtivæ rei æterna auctoritas esto.
(7) Quod subreptum erit, ejus rei æterna auctoritas esto. (Aul.-Gell.
XVII, 7).

de la revendication l'exception : « *Nisi in potestatem domini res reversa sit.* » (1).

A Rome, le mot *furtum* avait un sens plus étendu que l'expression moderne vol, il s'appliquait aussi à ce que nous appelons aujourd'hui abus de confiance. Il exigeait le déplacement de la chose et l'intention frauduleuse.

Il semble, tout d'abord, que l'usucapion des meubles est complètement impossible. En effet, de deux choses l'une : ou le meuble a été aliéné par le véritable propriétaire, et alors la propriété est transférée sans recourir à l'usucapion ; ou il a été aliéné par un tiers, et alors il y a vol, par suite impossibilité d'usucaper. Mais le deuxième terme du dilemne n'est pas absolu ; car le détournement qui a mis le tiers aliénateur en possession, peut avoir été commis sans intention frauduleuse, par conséquent sans vol. D'où avec Gaïus (2) et Justinien (3) appliquons-nous l'usucapion aux meubles. Ainsi, peuvent usucaper, le possesseur qui a reçu de l'héritier un meuble trouvé dans la succession, l'acquéreur du part d'une esclave livrée par un usufruitier et l'acquéreur du mandataire qui ignore la cessation de son mandat.

Nous avons vu plus haut que la loi *Atinia* avait créé une exception, destinée à repousser la revendication,

---

(1) L. 4, § 6, Dig. XLI, 3. — L. 215, in fine, D. L, 16.
(2) Gaius II, § 50.
(3) Inst. II, 6, § 4.

lorsque le meuble était revenu entre les mains du véritable propriétaire. Pour cela, celui-ci devait connaître le vol et recouvrer le meuble en cette qualité. Désormais le meuble était purgé de son vice et tout nouveau possesseur pouvait l'usucaper.

Il est un cas toutefois où, depuis Marc-Aurèle (1), le possesseur du meuble, volé et non recouvré par le propriétaire, pouvait également invoquer une exception efficace contre la revendication de ce dernier. C'est celui où, depuis cinq ans, le possesseur avait acheté le meuble au fisc. Comme toute exception, celle-ci ne lui conférait pas la propriété ; aussi, en cas de dépossession, n'avait-il pas à son secours l'action en revendication. L'institution de Marc-Aurèle n'était donc pas une usucapion à proprement parler, mais bien une prescription libératoire. L'empereur Zénon étendit les privilèges du fisc, en accordant à l'acquéreur la propriété immédiate. (2) Ici, il était vrai de dire que la possession entraînait la propriété. Justinien (3) appliqua cette nouvelle règle aux choses aliénées par lui ou par l'impératrice.

§ II. — Du juste titre.

Nulle part, dans les monuments juridiques qui nous sont parvenus, une définition précise n'est donnée de

---

(1) Inst. II, 6, § 14.
(2) L. 2, C. VII, 37.
(3) Inst. II, 6, § 14.

la *justa causa*, du juste titre. Aussi les interprètes en donnent-ils deux définitions assez différentes. Les uns la définissent un fait juridique, conforme au droit, qui eût transféré la propriété s'il fût émané du véritable propriétaire de la chose. Pour eux, la cause qui motive l'usucapion n'est autre que l'acte lui-même qui met en possession, pourvu que cet acte soit juridique et par lui-même translatif de propriété. Mais cette définition n'embrasse pas l'hypothèse où c'est le propriétaire qui lui-même fait la tradition de la chose. Aussi préférons-nous nous ranger à l'avis des auteurs qui font consister la *justa causa* dans le fait juridique qui motive la prise de possession ou la tradition, et qui révèle, chez le précédent possesseur, l'intention d'abdiquer la qualité de propriétaire au profit de l'acquéreur. Par suite, dans la tradition qui met le possesseur à même d'usucaper, verrons-nous non la *justa causa usucapiendi*, mais le moyen de réaliser l'acquisition de la propriété. Ainsi jouissent du juste titre ceux qui possèdent *pro emptore, pro donato, pro legato, pro suo*, etc., etc.

La tradition faite en vertu d'un titre inexistant ou nul, permet-elle d'usucaper ? En d'autres termes, le titre putatif équivaut-il au titre réel? Ulpien, dans la loi 27 au Digeste, titre *de usurpationibus et usucapionibus*, dit : « Celsus affirme, en son livre 34, que ceux-là se trompent qui pensent que tout possesseur peut usucaper *pro suo* les choses dont il a pris possession de bonne foi, et qu'il importe peu que la chose vienne d'une vente ou d'une donation effective ou seulement de la croyance en une vente ou donation imaginaires, pourvu qu'il soit de bonne foi. C'est une erreur, car l'usucapion ne vaut ni à titre de legs, ni à titre de donation ou de dot, s'il n'est intervenu ni legs, ni donation, ni dot. » Aux lois 3 et 5 du titre *de Publiciana in rem actione* le même jurisconsulte s'exprime en ces termes : « La Publicienne compète à celui qui a reçu par tradition une chose à titre de chose jugée, ou à titre noxal, que la cause soit vraie ou fausse. » Dans le premier texte, Ulpien pose un principe absolu : le titre putatif ne peut servir de fondement à l'usucapion. Dans le second, il donne au titre putatif le même effet qu'au titre réel.

Dans son travail de compilation, Justinien, non content de reproduire au Digeste ces textes et bien d'autres semblables, pose dans ses Institutes, comme règle absolue, l'inefficacité du titre putatif pour servir de base à la prescription. Le Code confirme les principes émis aux Institutes.

Ces diverses solutions nous font constater, avec Hermogénien (1), que les jurisconsultes étaient fort partagés sur cette question du titre putatif. Les uns lui refusaient toute efficacité et le regardaient comme nul ; les autres l'assimilaient au titre réel et lui accordaient les mêmes effets.

Mais comment se fait-il que le même jurisconsulte, Ulpien, ait pu donner sur le même point deux solutions si contraires ? Faut-il les attribuer à deux épo-

______

(1) L. 9, Dig. XLI, 8.

ques de sa vie ? Faut-il plutôt accuser les compilateurs du Digeste d'une falsification, fait qui ne leur est pas complètement étranger ? Ou bien peut-on concilier ces deux textes ? — Sans nous attarder à discuter les deux premières solutions, sur lesquelles il ne convient de se rejeter qu'en désespoir de cause, nous nous attacherons à la dernière. Notre tâche nous sera d'autant plus aisée qu'une doctrine professée et formulée au Digeste par deux jurisconsultes, Nératius et Africain, nous permet, suivant les cas, d'adopter ou de repousser le titre putatif comme fondement de l'usucapion.

Africain, à la loi 11 *pro emptore*, s'exprime ainsi : « Ce brocard, disant que celui qui croit avoir acheté et ne l'a pas fait, ne peut usucaper *pro emptore*, n'est vrai qu'autant que le prétendu acheteur n'a de juste cause d'erreur. » De son côté, Nératius dans la loi 5, § 1, au titre *pro suo*, affirme que : « Celui qui possède une chose dans la pensée qu'elle lui appartient, l'usucape, alors même que sa croyance serait erronée, pourvu que son erreur soit plausible. » De ces deux textes nous pouvons conclure que l'erreur sur l'existence du titre peut le suppléer, pourvu que celui qui l'invoque soit excusable. Par suite, Ulpien, en refusant au titre putatif le bénéfice de l'usucapion, envisageait le cas où l'erreur était grossière ; il donnait au contraire une solution différente, lorsque l'erreur lui paraissait plausible. Mais dans quel cas l'erreur était-elle excusable ? Dans quel cas ne l'était-elle pas ? La solution de cette question, qui dépend de l'appréciation d'un point de fait, soulevait, dans la pratique, de très nombreuses difficultés et, chez les jurisconsultes, d'interminables controverses. C'est pour y mettre fin que plusieurs constitutions impériales furent données par Dioclétien et ses successeurs. Elles portent que désormais le titre réel est exigé pour l'usucapion. Dans ses Instituts et le Code, Justinien confirme les règles établies par ses prédécesseurs. Il a oublié au Digeste de supprimer ou, ce qui lui arrive assez fréquemment, de modifier, pour les mettre à l'unisson, les solutions contraires à son principe et que nous avons citées plus haut.

§ III. — **De la bonne foi.**

De ce que la croyance plausible en l'existence d'un titre qui en fait n'existe pas, supplée le titre lui-même, quelques interprètes ont confondu la condition du titre et celle de la bonne foi et de ces deux éléments de l'usucapion, n'en ont fait qu'un seul. Cette doctrine nous paraît erronée. En effet, les textes (1) distinguent très bien ces deux conditions, puisqu'ils imposent la preuve du juste titre à celui qui invoque l'usucapion, tandis que la bonne foi au contraire est toujours présumée, et que l'adversaire doit établir qu'elle n'existe pas.

En quoi donc consiste la bonne foi? Elle n'est autre que la croyance que celui de qui on tient la chose était

---

(1) L. 2, § 1. D. XLI, 4.

propriétaire ou avait pouvoir d'aliéner. L'erreur peut porter ou sur le fait ou sur le droit. Cette dernière est inexcusable ; on n'admettait pas que l'on pût ignorer les lois (1).

La bonne foi doit exister au moment même de l'entrée en possession, et généralement il suffit qu'elle ait existé à cette époque. (2) Par exception, au cas d'usucapion *pro emptore*, la bonne foi était requise, non seulement à la tradition, mais encore lors du contrat. Cette anomalie tient à la rédaction de l'édit Prétorien, à propros de l'action Publicienne, où l'on supposait expressément le cas d'un homme qui *achète* de bonne foi. Pour observer à la fois et la règle générale et la lettre même du texte, les jurisconsultes exigèrent la bonne foi au moment de la vente et au commencement de la possession.

Donc, en principe, il suffisait d'être de bonne foi au moment de l'entrée en possession. La connaissance qu'on obtenait dans la suite que son auteur n'était pas le vrai propriétaire de la chose, n'empêchait pas de prescrire. C'est ce qu'on formulait en ces termes : « *Mala fides superveniens, non nocet.* » La raison en est qu'il ne paraissait pas convenable de dépouiller *ipso jure* du bénéfice de l'usucapion, le possesseur qui, en échange de la propriété qu'il croyait obtenir, avait payé un prix ou contracté une obligation.

---

(1) L. 4. Dig. XXII, 6.
(2) L. 44, § 2. Dig. XLI, 3.

C'est cette raison même qui justifie, pour le cas de donation, la seconde exception apportée à la règle. Le donataire, en effet, ne s'étant ni dépouillé, ni obligé, les jurisconsultes romains exigeaient que sa bonne foi subsistât pendant toute la durée de l'usucapion (1). Justinien abolit cette exception (2).

Il existait, toutefois, des cas où le possesseur, même de mauvaise foi, acquérait la propriété par usucapion. Cela arrivait notamment dans l'usucapion *pro herede*. Lorsqu'une hérédité n'était pas acceptée, les intérêts des créanciers étaient compromis et les *sacra* du défunt abandonnés. Pour obliger l'héritier à se hâter, on avait accordé la propriété de l'hérédité à tout citoyen capable qui s'en serait emparé depuis un an. On restreignit plus tard à chaque objet particulier de l'hérédité l'usucapion annale sans juste titre ni bonne foi ; on l'appelait en conséquence *usucapio lucrativa* ou *improba*. Aussi tomba-t-elle en discrédit. Un sénatus-consulte, rendu sous Adrien, accorda la revendication à l'héritier, même après l'année ; et, plus tard, Marc-Aurèle fit déclarer coupable du *crimen expilatæ hereditatis* celui qui s'était emparé de l'hérédité. Justinien n'eut pas à s'occuper de cette exception qui avait complètement disparu avant son avènement au trône.

---

(1) L. 11, § 3. Dig. VI, 2.
(2) L. 1. C. VI, 31.

§ IV. — **Du temps requis pour l'usucapion.**

Le possesseur qui réunissait les conditions précédemment énoncées, devait en outre, pour acquérir la propriété, conserver la possession pendant un certain temps. La Loi des XII Tables fixa à un an le délai requis pour les meubles. Leur facile circulation de mains en mains suffit à justifier ce temps relativement court et à faire regarder comme exagérée la trop exacte application aux meubles de la durée de la prescription de long temps : dix ans entre présents, et vingt entre absents. Justinien modifia heureusement cet état de choses ; mais au lieu de prendre trois ans comme délai, il aurait dû revenir à l'année de l'usucapion civile : le commerce des meubles eût été beaucoup plus sûr et, par conséquent, plus facile. Dans le calcul du délai, on compte de jour à jour et non d'heure à heure (1) ; on néglige le jour de l'entrée en possession, mais on tient pour accompli le dernier jour à peine commencé.

La possession doit être continue ou non interrompue par une cause naturelle. On discute sur le point de savoir quand la *litis contestatio* interrompt la possession. Nous avons déjà décidé qu'elle n'interrompait que la *præscriptio longi temporis*.

Comme le plus souvent il serait très difficile de jus-

---

(1) L. 6. Dig. XLI, 3.

tifier d'une possession personnelle assez longue pour obtenir le bénéfice de l'usucapion et surtout de la prescription *longi temporis*, on accorde au possesseur actuel de joindre à la sienne la possession d'autrui. C'est *l'accessio possessionis*. Pour l'invoquer, il faut être un vrai continuateur de la possession qu'on invoque. Et encore doit-on distinguer entre les divers modes de transmission de la possession, entre l'héritier et le simple ayant-cause. Le premier reçoit la possession telle qu'elle existait chez celui qui lui transmet en quelque sorte sa propre personnalité ; il continue la possession telle qu'il l'a reçue, et ne peut en changer les caractères. Au contraire, le simple ayant-cause, qui reçoit la chose à titre de vente, donation ou legs, commence une nouvelle possession et doit, par suite, réunir en lui-même les conditions requises pour prescrire. De telle sorte qu'il peut prescrire, alors même que son auteur ne le pouvait. Toutefois, si celui-ci était déjà *in causa usucapiendi*, sa possession s'ajoutait à celle de l'ayant-cause.

Différentes constitutions impériales ont accordé de nouveaux avantages au possesseur. Lorsque celui-ci ne réunissait pas sur sa tête les trois conditions ci-dessus indiquées, que la chose était vicieuse ou que sa possession n'était pas fondée sur un juste titre ou commencée de bonne foi, il pouvait néanmoins repousser la revendication du propriétaire, pourvu qu'il fût, par lui ou ses auteurs, en possession depuis trente ans. Cette prescription cependant ne lui conférait pas la propriété : il n'obtenait qu'une exception, en sorte que, s'il venait à perdre la possession, il perdait tout avantage. Justinien a étendu les effets de cette prescription en conférant la propriété, même au cas de vol ou d'absence de juste titre, pourvu qu'on fût de bonne foi. La bonne foi et le laps de temps suffisaient donc sous ce prince pour dépouiller irrévocablement le propriétaire et accorder au simple possesseur le droit le plus absolu sur l'objet possédé.

CHAPITRE II.

DE L'ACQUISITION DES FRUITS PAR LE POSSESSEUR DE BONNE FOI.

Une seconde dérogation importante aux avantages de la propriété au profit de la possession, a été consacrée législativement à Rome par l'attribution des fruits au possesseur de bonne foi. Le droit naturel veut que, à moins de cession volontaire, le propriétaire seul ait droit au produit de la chose. On a cru cependant devoir créer une nouvelle exception en faveur de la bonne foi du possesseur, qui consomme et dépense, au fur et à mesure de leur perception, les fruits de la chose qu'il regarde comme sienne (1). C'est ce motif, plutôt que celui qu'invoquent Pomponius (2) et Justinien (3),

---

(1) L. 48, Dig. XLI, 1.
(2) L. 45, Dig. XXII, 1.
(3) Just. Inst. II, 1, § 35.

qui a déterminé notre exception. Ce n'est point en effet
pour récompenser le possesseur de sa culture et de ses
soins, puisqu'il acquiert même ceux qui ne sont point
dus à son travail, et que du reste sa mauvaise foi le
priverait de tout droit.

La plupart des exemples qui ont trait à notre matière,
sont relatifs aux fruits des immeubles ; cependant, la
présente théorie n'est pas étrangère à l'objet spécial de
notre étude, aux meubles (1). Ainsi en est-il du lait
et de la laine des animaux. Quant au croît, après avoir
soulevé certains doutes, il a été définitivement classé
parmi les fruits. La même incertitude régna d'abord
sur le part des esclaves ; mais la controverse fut ici
tranchée en sens contraire (2). Gaïus et, après lui,
Justinien essayent de justifier cette différence en disant
que l'homme ne peut être assimilé aux fruits que la
nature crée pour lui ; mais ce motif est loin de nous
convaincre du bien fondé de la solution, puisque, pour
eux, l'esclave est rangé au nombre des choses.

Pour acquérir le fruit, c'est-à-dire pour en devenir propriétaire irrévocable, le possesseur, qui a reçu la chose
a non domino, en vertu d'un juste titre, doit être de
bonne foi. Cette condition est absolument requise, non
seulement à l'origine de la possession, comme dans l'u-
sucapion, mais encore au moment même de la perception du fruit, dès que celui-ci acquiert une existence

---

(1) L. 48, § 2, Dig. XLI, 1.
(2) L. 28, § 1, Dig. XXII, 1.

distincte de l'objet qui lui a donné naissance. Telle est, du moins, la doctrine professée par Paul et Pomponius (1). Le Digeste reproduit, il est vrai, une décision contraire, rendue par Julien (2) ; mais les Institutes, en se rangeant à l'avis des premiers jurisconsultes, tranchent définitivement la question en ce sens.

Il est des choses dont l'usucapion est accidentellement interdite, à raison soit de la qualité du propriétaire, soit d'un vice inhérent à la chose, le vol ; leurs fruits n'en deviennent pas moins la propriété du possesseur de bonne foi (3) ; nous en trouvons la justification dans le motif qui a fait admettre le principe même de l'acquisition des fruits.

Il importe peu que ce soit le possesseur lui-même ou un tiers qui détache les fruits : dès qu'ils sont distincts de l'objet qui les produit, le possesseur en est saisi. Mais à quel moment précis ce dernier devient-il définitivement et irrévocablement propriétaire ? Est-ce par la perception ou seulement par la consommation ?

Dans l'ancien droit, le possesseur de bonne foi d'un objet particulier acquérait par la perception la propriété irrévocable des fruits. Le propriétaire revendiquait-il : le possesseur était tenu de restituer la chose, mais conservait les fruits, qu'ils fussent ou non consommés. Il en était autrement du possesseur de bonne

---

(1) L. 48, § 1, Dig. XLI, 1.
(2) L. 25, § 2, Dig XXII, 1.
(3) L. 48, pr. Dig. XLI, 1.

foi d'une hérédité, qui était tenu de restituer tout ce dont il s'était enrichi à ce titre. Un sénatus-consulte, connu sous le nom de Jouventien et rendu sous Adrien, atteste en effet l'existence de cette règle (1). Un malheureux esprit d'assimilation la fit étendre au cas de possession d'objet particulier, et une constitution des empereurs Dioclétien et Maximien (2) ordonne au possesseur de restituer au propriétaire tous les fruits existant au jour de la revendication. Il ne les gagne donc plus irrévocablement que par la consommation. Dans ses Institutes, Justinien consacra cette décision (3).

Telle est la doctrine qui se dégage, pour nous, des textes. Comme elle n'est pas unanimement acceptée, nous allons essayer de l'établir.

Gaïus, Julien et Paul attribuent au possesseur la propriété irrévocable des fruits, dès l'instant de leur séparation. Le premier (4), en effet, assimile le possesseur et l'usufruitier, relativement à l'acquisition du croît. L'usufruitier n'étant jamais tenu de restituer les fruits, le possesseur ne saurait l'être davantage. — Julien (5) vient corroborer cette idée, en affirmant que le possesseur de bonne foi a sur les fruits, non seulement autant de droits, mais plus encore que l'usufruitier. Or, si le possesseur était tenu de rendre les fruits non con-

---

(1) L. 20, § 6, Dig. V, 3.
(2) L. 22, C. III, 32.
(3) Just. Inst. IV, 17, § 2, in fine.
(4) L. 28, pr. Dig. XXII, 1.
(5) L. 25, § 1, Dig. XXII, 1.

sommés, sa position ne serait-elle pas inférieure à celle de l'usufruitier, qui les gagne par la perception? Du reste, si telle était la doctrine reçue, comment admettre que ces deux jurisconsultes aient gardé sur ce point un silence absolu, alors surtout qu'ils prennent soin d'indiquer spécialement les avantages de la possession ?

Paul, au Digeste, titre : *de adquirendo rerum dominio* (1), s'exprime ainsi : « L'acquéreur de bonne foi de la chose d'autrui fait siens, par la perception, non seulement les fruits dus à ses soins, mais tous indistinctement ; car, en ce qui les concerne, il tient la place du propriétaire lui-même. » Le mot *intérim* contenu dans la phrase entre les mots *suos.... facit*, a donné lieu à deux interprétations. L'une l'a entendu dans ce sens que l'acheteur n'acquiert les fruits que pour le moment, jusqu'à la revendication du propriétaire. Mais ce mot a-t-il la signification que l'on veut bien lui donner ? Ne fait-il pas au contraire simplement allusion à la limitation de l'acquisition des fruits, à la durée de la bonne foi ? Aussi, avec cette dernière interprétation, verrons-nous dans ce texte une confirmation de notre thèse.

De même, Papinien (2) décide que le possesseur de bonne foi ne peut recouvrer les dépenses, faites sur l'objet revendiqué en temps utile, qu'autant qu'il n'a

---

(1) L. 48, pr. Dig. XLI, 1.
(2) L. 48 et 65, pr. Dig. VI, 1.

pas été couvert de ses frais par les fruits perçus avant la *litis contestatio*. Il ne parle pas des fruits perçus postérieurement ; car forcément la bonne foi a cessé et, partant, le droit aux fruits ; mais, quant aux autres, s'ils entrent en ligne de compte, c'est que la propriété en est acquise au possesseur.

Cette doctrine, qui ressort si clairement des textes que nous venons de citer, ne nous paraît pas devoir être annihilée par ceux qu'invoque l'opinion contraire. Nous le croyons d'autant moins que la main des compilateurs a laissé parfois dans ces derniers de trop visibles traces de son intervention. Nous n'en voulons pour preuve que le paragraphe 19 de la loi 4, au titre *de usurpatione*, attribué à Paul. On y lit en effet que la laine d'une brebis volée appartient au possesseur de bonne foi, dès le moment de la tonte. La raison en est que la laine est un fruit et qu'il n'est pas besoin d'usucapion. De même, poursuit le texte, en est-il des agneaux, *pourvu qu'ils soient consommés !* — Ces derniers mots sont évidemment ajoutés ; car, les agneaux et la laine étant des fruits, pourquoi entre eux cette différence ? Elle est d'autant plus irrationnelle, que le texte pris littéralement dit, d'un côté, que les agneaux dès leur naissance sont au possesseur, et, de l'autre, qu'ils ne le sont qu'après leur consommation. Paul ne peut avoir écrit cela. L'intervention maladroite des compilateurs s'accuse ici avec trop de netteté pour ne pas dévoiler l'altération du texte et donner la clef des mêmes solutions que nous trouvons consignées dans d'autres citations du Digeste. Ces dernières ont été mises à l'unisson des principes admis par les empereurs et par Justinien.

———

CHAPITRE III.

DE L'INTERDIT UTRUBI.

Par l'usucapion et l'attribution des fruits au possesseur de bonne foi, le droit civil avait doté la possession de puissants effets. Toutefois, leur acquisition n'en restait pas moins aléatoire, puisque le premier venu pouvait impunément troubler et dépouiller le possesseur qui n'avait à lui opposer aucun moyen juridique de défense et voyait ainsi s'évanouir toutes ses espérances. Aussi, dès l'origine, le préteur, dont les attributs comprenaient l'administration des intérêts généraux de la cité, prit sous sa protection la situation précaire du possesseur et, par les interdits, lui permit à la fois de défendre sa possession contre toute prétention contraire et aussi de la recouvrer après l'avoir perdue.

Les interdits, de création toute prétorienne, différaient des actions qui avaient la même origine, en ce que ces dernières reposaient sur la violation d'un droit réel et contenaient la nomination d'un juge ainsi que la règle du jugement ; les premiers, au contraire, se bornaient à défendre le plein exercice de la personnalité humaine en édictant à l'appui soit un ordre, soit une défense. L'ordre ou la défense violée entraînait une instance ordinaire ; mais le plus souvent l'intervention du

magistrat et la crainte des rigueurs du jugement suffisaient pour mettre fin au trouble ou à la dépossession.

Le possesseur de meubles était couvert par l'interdit Utrubi. Ulpien nous en a transmis la formule : « *Utrubi hic homo de quo agitur majore parte hujusce anni fuit : quominus is eum ducat vim fieri veto.* » (1).

Pour l'obtenir du Préteur, le possesseur n'avait pas besoin, comme dans l'usucapion, de justifier d'un juste titre ou d'avoir eu la bonne foi même à l'origine ; il lui suffisait d'invoquer la possession, c'est-à-dire la détention du meuble unie à la volonté de le traiter en maître. Avec les jurisconsultes romains, nous ne verrons pas une exception à cette règle dans le fait de la délivrance de l'interdit à l'ancien possesseur d'un esclave en fuite, puisque un acte de la volonté de ce dernier était insuffisant pour dépouiller son maître de la *possessio sui* (2).

De nos jours, on a vivement discuté le point de savoir si le droit à l'interdit, formellement reconnu par les textes au créancier gagiste, formait ou non une exception à notre règle. Pour nous, il semble que, si le débiteur retient pour soi la propriété et le droit à l'usucapion, sa remise de gage n'en transfère pas moins à son créancier plus qu'une simple détention. Celui-ci, en effet, saisi par la constitution du gage du principal attribut de la propriété, de sa plus éclatante manifesta-

---

(1) L. 1, pr. Dig. XLIII, 31.
(2) L. 13, pr. Dig. XLI, 2.

tion, le droit d'aliénation à défaut de paiement, non seulement détient, mais encore détient pour son avantage personnel, pour tirer parti de la chose dans son propre intérêt. C'est pourquoi nous estimons qu'il possède réellement, *corpore et animo*, et que par suite, réunissant les deux conditions voulues pour l'obtention de l'interdit, le *corpus et l'animus rem sibi habendi*, il l'obtient à juste titre et conformément à la règle générale.

Le commodataire et le dépositaire qui détiennent pour autrui, qui n'ont pas cet *animus*, sont naturellement privés du bénéfice de l'interdit.

L'interdit Utrubi n'était donné qu'autant que le débat portait sur la possession. Si celle-ci n'était pas contestée entre les parties, s'il n'y avait que simple trouble sans prétention à la possession, en vain demandait-on la délivrance de l'interdit, le Préteur la refusait invariablement (1).

Pour triompher, la possession devait, à l'égard de l'adversaire, être exempte des vices de violence, surprise ou précarité ; de plus, elle devait embrasser une plus longue période pendant l'année immédiatement antérieure au litige. Comme dans l'usucapion, mais sans comprendre les distinctions entre les cas de bonne et de mauvaise foi, on pouvait joindre à sa possession celle de son auteur à titre universel ou particulier.

Dans cette dernière condition de plus longue durée

----

(1) L. 2, §1, Dig. XLIII, 31.

de possession dans l'année immédiatement antérieure
au litige, le donateur trouvait un moyen ingénieux de
réduire au taux légal la donation qui excédait les termes de la loi *cincia*. Cette loi, en effet. n'avait pour
toute sanction créé qu'une exception ; aussi, pour en
bénéficier, fallait-il au procès jouer le rôle de défendeur.
C'est ainsi que, au cas où la tradition n'était pas encore
faite, par l'exception *legis cinciæ* le donateur repoussait
la demande du donataire pour tout ce qui excédait la
loi. Au contraire, la tradition était-elle faite, de plein
droit le donateur était désarmé et la donation parfaite.
Si la question de propriété était ainsi résolue, celle de
la possession offrait une solution différente. La tradition
était-elle encore récente, par l'interdit Utrubi, le donateur réclamait sa possession ; le donataire opposait bien
l'exception *rei donatæ et traditæ*, mais alors survenait
la réplique *legis cinciæ*, et force restait à cette loi.

Vainqueur à l'interdit, le possesseur obtenait la reconnaissance et le maintien de sa possession, ainsi que
la défense à l'adversaire de le troubler à l'avenir. Quelques auteurs estiment que la partie vaincue à l'interdit
non seulement recevait l'ordre de s'abstenir de tout
nouveau trouble, mais encore était tenue de fournir la
cautio de non amplius turbando. Bien que aucun texte
précis n'autorise cette opinion, ces auteurs la regar-
dent comme contenue dans le droit qu'a le juge d'assurer l'exécution de sa sentence. De même encore, la logique amène à faire comprendre dans la condamnation
la réparation du préjudice causé non seulement par le
procès, mais encore par le trouble qui lui a donné nais-

sance. En effet, le contradicteur se fût-il désisté dès la menace de l'interdit, une action *in factum* eût fait obtenir de lui la réparation du préjudice antérieur. Son obstination à contester ne peut en toute équité lui créer une situation meilleure et le délivrer de dommages-intérêts que, malgré sa renonciation, il n'aurait pas moins encourus.

Les effets de l'interdit Utrubi, avons-nous dit plus haut, sont accordés à celui qui, pendant l'année qui précède sa délivrance, a eu la plus longue possession. Celle-ci peut être définitivement adjugée soit au possesseur actuel, soit à tout autre, puisque, pour triompher, il suffit d'avoir possédé plus longtemps que l'adversaire : une possession de quelques jours l'emportant sur une autre de moindre durée. D'où il suit que cet interdit fait tantôt conserver, tantôt recouvrer la possession, que, par suite, il rentre dans les deux classes d'interdits *retinendæ et recuperandæ possessionis*. Et cependant les textes ne le signalent que comme faisant partie de la première classe. Quelle en est la cause ? On la trouve dans cette considération que la possession, tant qu'elle peut être recouvrée, ne doit pas être regardée comme perdue (1). Aussi, pour les meubles, ne fût-il pas besoin d'un interdit spécial ayant pour objet d'en recouvrer la possession, l'interdit Utrubi y pourvoyait suffisamment.

Une constitution des empereurs Valentinien, Théo-

---

(1) L. 17, Dig. XLI. 2.

dose et Arcadius (1) protège d'une manière plus énergique encore la possession contre la violence. Elle déclare, en effet, déchu de son droit sur l'objet le possesseur et même le propriétaire qui emploie la force pour le recouvrer.

Justinien vint et assimila l'interdit Utrubi à l'interdit *Uti possidetis*. Ce dernier n'était accordé qu'au possesseur actuel. Malgré les termes qu'emploie ce prince aux Institutes (2), nous ne saurions admettre que cette fusion lui soit bien antérieure. Les fragments du Vatican, en effet, au § 293, attestent que sous Dioclétien et Maximien l'interdit Utrubi était encore donné à la plus longue possession de l'année. Quant au texte attribué à Ulpien dans la loi 1, § 1, au titre *de Utrubi* et qui contredit cette assertion, l'interpolation évidente des compilateurs nous autorise à n'en tenir aucun compte.

La réforme introduite ou confirmée par Justinien abolit-elle entièrement l'ancien effet de l'interdit Utrubi, celui de faire recouvrer la possession perdue ? Assez souvent cet effet sera conservé : en effet, pour triompher de l'ancienne, la possession présente devait être exempte de violence, clandestinité et précarité, et cette circonstance suffisait pour assurer généralement le recouvrement de la possession

---

(1) L. 7, Code VIII, 4.
(2) Inst. IV, 15, § 4.

CHAPITRE IV.

DE LA PUBLICIENNE.

Si le droit civil a comblé la possession d'effets puissants, les Préteurs ont voulu, ce semble, rivaliser de générosité en lui accordant, outre la protection spéciale des Interdits, le privilége même de la propriété, la revendication.

Un contemporain de Cicéron, le Préteur Publicius, inscrivit dans un édit la formule suivante que nous a transmise Gaïus (1) : *Si quem hominem Aulus Agerius emit, et is ei traditus est, anno possedisset, tum si eum hominem, de quo agitur, ejus ex jure Quiritium esse oporteret...* De cette formule, il résulte que le bonitaire, c'est-à-dire celui qui a reçu du propriétaire une *res mancipi* en dehors des modes civils, alors même que le délai requis pour l'usucapion n'était pas achevé, pouvait revendiquer l'objet dont il avait été dépossédé. Mais ce texte ne vise pas le cas du simple possesseur, de celui qui n'a pas reçu du propriétaire, mais bien d'un tiers. Justinien, cependant, dit (2) que l'action publicienne compétait a quiconque est en voie d'usucaper ; et l'on sait que l'usucapion s'appliquait au cas

---

(1) Gaius IV, 36.
(2) Inst. IV, 6, § 4.

de simple possession. Du reste, au Digeste (1), le texte de l'édit est ainsi conçu : « J'accorderai l'action à celui qui réclame l'objet qu'il a reçu à juste titre d'un non-propriétaire et ne l'a pas encore usucapé. » Devons-nous, avec quelques interprètes, croire qu'il existait deux actions distinctes, l'une pour le bonitaire et l'autre pour le possesseur, ou plutôt n'en admettre qu'une seule qui, primitivement, ne visait que le bonitaire, et qui, dans la suite, fut étendue au possesseur ? Cette seconde solution nous paraît plus vraisemblable : d'autant qu'Ulpien (2) applique l'action à l'acheteur de bonne foi et que celui-ci, pour avoir besoin d'usucaper, doit avoir reçu l'objet d'un non-propriétaire.

Ce n'est que grâce à une fiction, que le Préteur put ainsi étendre à la simple possession les effets de la propriété elle-même. Il tenait pour achevé le délai requis pour la prescription, pourvu qu'on fût en voie d'usucaper. Aussi ces deux institutions, l'usucapion et l'action publicienne, reposaient-elles sur les mêmes principes. Le meuble revendiqué devait être susceptible de possession, et celle-ci exempte des vices de violence, clandestinité et précarité.

De même, pour triompher à l'action, il fallait avoir reçu la possession avec juste titre. Toutefois, comme dans l'usucapion, le titre putatif suffisait lorsqu'il était

---

(1) L. 1, pr. Dig. VI, 2.
(2) L. 7, § 2, Dig. VI. 2.

plausible. Paul (1) dit cependant : « Si j'achète d'un furieux que je crois sain d'esprit, il est évident que je puis
usucaper, quoique la vente soit nulle ; mais je n'aurai
ni l'action pour cause d'éviction , ni la publicienne , ni
l'*accessio possessionis.* » Ce texte contredit, ce semble,
notre affirmation ; il n'en est cependant pas ainsi. Ce
n'est point, en effet, parce que le titre n'est que putatif
que la publicienne est refusée, mais bien parce que, la
vente étant nulle , le furieux oppose l'exception *justi
dominii.* Il ne s'est pas dépouillé, puisqu'il en est inca-
pable ; et son acheteur de bonne foi doit prescrire pour
acquérir la propriété à son profit. Un texte d'Ulpien (2)
vient, du reste, confirmer notre thèse , en précisant
la portée de l'exception. Il nous dit que l'acquéreur qui
ignore la fureur de son vendeur, pouvant usucaper, a
par suite la publicienne. Il a, en effet la publicienne et
il triomphera, pourvu qu'il ne se heurte pas à l'exception du propriétaire : par suite, contre les tiers qui ne
peuvent l'invoquer, il l'emportera, puisqu'il est en voie
d'usucaper.

Au juste titre, le possesseur doit joindre la bonne foi.
Mais à quel moment celle-ci doit-elle exister ? Suffit-elle
au commencement de la possession ? Comme dans l'u-
sucapion, nous admettrons qu'il suffit en règle qu'elle
ait existé à l'origine de la possession (3), et nous admet-

---

(1) L. 2, § 16. Dig. XLI, 4.
(2) L. 7, § 2. Dig. VI, 2.
(3) L. 7, § 17. Dig. VI. 2.

trons également une exception au cas de vente. Ici encore la bonne foi doit exister au moment du contrat et à celui de la tradition (1).

Par la publicienne, le possesseur en voie d'usucaper triomphe du détenteur actuel. Telle est la règle. Nous allons voir sa mise en action.

Contre un défendeur, simple détenteur, le possesseur dépouillé l'emporte, c'est l'application la plus simple de la formule du Préteur. Mais si, au lieu d'être simple détenteur, le défendeur est, lui aussi, en voie d'usucaper, on se demande, d'abord, de qui le défendeur tient la possession (2). S'il a reçu la chose du même non-propriétaire ; le plus ancien possesseur, qui le premier a reçu la tradition, l'emporte sur l'autre. Mais si les deux parties ont reçu la possession de deux non propriétaires différents, Nératius donne la même solution ; Julien et Ulpien préfèrent, avec raison, le possesseur actuel. Les possesseurs ont sur la chose le même droit, et ici l'un ne peut accuser de faute l'auteur de son adversaire, aussi applique-t-on la règle : *in pari causa, melior est causa possidentis.*

Contre le propriétaire, la publicienne venait le plus souvent échouer. Celui-ci, en effet, triomphait par l'exception *justi dominii,* car le Préteur ne pouvait protéger la possession au détriment du droit. Mais il arrivait parfois que l'exception tombait devant une réplique :

---

(1) L. 7, § 16. Dig. VI. 2.
(2) L. 9, § 4. Dig. VI, 2.

rei venditæ vel donatæ et traditæ. C'est ce qui se présentait, notamment, lorsque l'aliénateur non-propriétaire succédait à ce dernier et rentrait en possession : l'acquéreur intentait la publicienne, et, grâce à la réplique, l'emportait sur la mauvaise foi de son vendeur.

En résumé, à Rome, les interdits protégeaient pour elle-même la possession des meubles. Par le laps de temps, l'usucapion la transformait en propriété ; mais, jusque-là, le propriétaire restait saisi de la revendication, qui lui permettait de recouvrer son bien, les fruits exceptés, même contre le possesseur vainqueur à l'interdit. Quant aux tiers, la publicienne assimilait le possesseur au vrai propriétaire, en l'armant du droit de revendication et lui permettant ainsi d'user du privilège de la propriété.

DROIT FRANÇAIS.

PRÉLIMINAIRES.

Le droit romain, on vient de le voir, avait nettement distingué la propriété des meubles, de leur possession. Chacune d'elles était garantie par des actions distinctes et d'inégale force : la revendication pour la propriété et les interdits pour la possession. De telle sorte que, relativement à un même meuble, deux personnes pouvaient concurremment exercer leur droit, l'une de propriétaire, l'autre de possesseur. Cet état persistait jusqu'à ce que l'usucapion eût fait acquérir au dernier l'entier domaine au détriment du propriétaire. Au reste, un simple dessaisissement du nouveau titulaire suffisait à reproduire cette division entre les attributs de la propriété et ceux de la possession d'un même objet.

Notre droit moderne s'est départi, sinon de la conception théorique, du moins de plusieurs conséquences pratiques de cette distinction. En matière mobilière, il a posé un principe qui s'écarte des errements du droit romain et unit désormais intimement la propriété et la possession : par le seul fait qu'il possède, le possesseur est substitué au propriétaire. Telle est la règle nouvelle, créée par le droit français et que de simples considérations d'ordre pratique ont fait établir. On a vu, en effet, un obstacle à la sécurité des transactions commerciales dans l'attribution à l'un de la propriété et à l'autre de la possession des choses qui passent si facilement de mains en mains. Aussi, pour les meubles individuels, n'existe-t-il pas d'action possessoire, correspondant aux interdits et garantissant leur possession. On a considéré leur protection comme suffisamment assurée par le principe formulé en l'article 2279 du code civil, qui va faire l'unique objet de cette étude en droit français.

EN FAIT DE MEUBLES, POSSESSION VAUT TITRE

Bien que le texte qui pose la règle de la matière, soit d'une brièveté et d'une concision remarquables, il n'en a pas moins, à cause de sa brièveté et de sa concision même, donné lieu à des difficultés et des commentaires sans nombre. Nous ne nous attacherons pas à suivre chaque auteur sur le terrain des origines présumées ou reconnues de son opinion, ni sur celui de chacun de ses arguments particuliers ; nous nous bornerons à établir une doctrine et à en tirer les conséquences. Aussi chercherons-nous l'origine, le fondement et la portée juridique de la maxime, les personnes qui peuvent l'invoquer et les choses auxquelles elle s'applique, les exceptions qu'elle comporte, et enfin les effets qui en résultent. Nous terminerons en indiquant les règles spéciales qui régissent une catégorie importante de meubles : les titres au porteur.

§ I. — Origine de la maxime.

Notre ancien droit se divise en deux genres de législation bien différents.

La partie de la Gaule, spécialement soumise à Rome par la conquête, reçut du vainqueur ses lois civiles codifiées ; aussi, par opposition à l'autre partie encore barbare, fut-elle désignée sous le nom de pays de droit écrit. Comme à Rome, on admit à côté de la propriété des meubles, une possession distincte et les effets qui y étaient attachés. L'action possessoire la garantissait, tandis que par son droit de suite le propriétaire pouvait poursuivre son meuble et le recouvrer contre tout possesseur qui ne l'avait pas encore prescrit.

Les pays de coutume, au contraire, relevaient pour la plupart des institutions germaniques. Une opinion très suivie fait remonter à ces dernières l'origine de notre maxime : « En fait de meubles, possession vaut titre » , en prétendant qu'en principe elles refusent au propriétaire dépossédé, l'action en revendication et ne la lui accordent qu'aux seuls cas de vol et de perte.

Pour arriver à cette conclusion, on fait le raisonnement suivant : Les titres 39 et 49 de la loi salique, 33 de la loi ripuaire, et 21 de la loi des Bavarois , qui, seuls, traitent de la revendication des meubles, ne l'accordent qu'aux cas de vol et de perte. D'où, en principe, elle est refusée au propriétaire dépossédé par toute autre cause, telle serait l'abus de confiance.

Cette argumentation paraît peu fondée ; car elle ne

tient aucun compte de la nature et de la portée de ces lois. Celles-ci, en effet, comme toute législation primitive, plus pénales que civiles, règlent surtout les diverses condamnations à attacher aux délits les plus usuels ; et ce n'est qu'accidentellement, à l'occasion par exemple de la procédure à suivre pour retrouver le voleur ou celui qui s'est approprié un essaim d'abeilles perdu, qu'elles signalent la revendication, l'entiercement ; mais ce qu'elles n'édictent pas et ce qu'elles devraient contenir, c'est le refus de la revendication pour les autres cas, qu'elles n'étudient pas. On ne trouve d'ailleurs pas un seul mot qui implique même cette doctrine.

En effet, le titre 39 de la loi salique traite la matière du vol. Il condamne comme voleur celui qui, ne pouvant justifier de son titre de propriétaire, refuse de remettre la chose à celui qui la réclame. Il édicte également une peine contre la personne volée qui se rend justice à elle-même, en recouvrant son bien par la violence. Aussi, pour éviter cette condamnation, la loi lui trace-t-elle la marche à suivre en justice pour obtenir son bien : « *Si quis bovem, aut caballum, vel quodlibet animal sibi furatum perdiderit et eum per vestigium sequendo fuerit consecutus infra tres noctes, et ille qui eum ducit se comparasse dixerit vel proclamaverit ille qui per vestigium sequitur, res suas debet per tertiam manum adhramire* » (1).

____

(1) Walter, legis salicæ, I, tit. XXXIX, p. 52.

Le titre 49 complète les règles données dans le premier, en obligeant le possesseur à faire comparaître au procès son auteur, s'il veut éviter la peine du vol. Ce dernier doit également recourir contre son propre auteur, et ainsi de suite, *quanticumque fuerint qui rem intertiatam* (objet du procès mis sous séquestre) *vendiderint, aut cambiaverint, aut fortasse in solutionem dederint*. Celui qui ne comparaît pas après avoir été appelé est puni comme voleur : *ille autem qui admonitus non venerit, super quem testes juraverint, erit latro illius, qui res suas agnoscit, et ei secundum legem ipsas componat, et insuper pretium illi reddat, qui cum eo negotiavit.* »

La loi ripuaire, au titre 33, ne fait que reproduire, en les complétant, les dispositions pénales et de procédure de la loi salique relatives au vol. Elle envisage toutes les hypothèses qui peuvent se présenter relativement à l'appel des garants, leur défaut, leur comparution, leur refus de reconnaître soit la chose, soit le prétendu ayant-cause, et la condamnation de vol qui est toujours édictée contre celui qui ne peut faire la preuve de ce qu'il avance.

Dans ces textes, il n'est donc qu'incidemment question de la revendication, et ils ne portent en eux aucune preuve que la revendication n'est donnée qu'au cas de vol.

Aussi a-t-on cru devoir fournir d'autres arguments plus directs, plus péremptoires. On a évoqué un extrait de la loi des Bavarois, qui refuserait la revendication au propriétaire qui aurait prêté son meuble.

_— 52 —_

Il est ainsi conçu : « *Si quæ commodata fuerant, furto probantur ablata, ei qui commendata perdiderat spatium tribuatur, donec furem suum investigatione perquirat. Et si eum invenerit, commendatori res proprias tantummodo reformare procuret. Compositio vero furti ad eum qui habuit rem commodatam pertineat. Et si fur non fuerit intra statutum tempus inventus, medietas rerum commendatarum domino suscipiente reddatur, damnum vero ex medio uterque sustineat.* » (1) Des choses prêtées ont été volées, l'emprunteur a un délai pour rechercher le voleur. S'il le retrouve, il ne doit rendre au prêteur que la chose, tandis qu'il garde pour soi la composition ou peine pécuniaire infligée au voleur. Ce dernier échappe-t-il aux recherches, l'emprunteur indemnise son prêteur pour moitié.

De ce que l'emprunteur poursuit le voleur, on conclut que le propriétaire est dépouillé de l'action en revendication. Est-ce bien là la portée de ce texte ? Comme les autres précédemment indiqués, celui-ci n'est-il pas plutôt pénal et ne règle-t-il pas surtout le point suivant : à qui du prêteur ou de l'emprunteur donner l'action pénale, le bénéfice de la compositio ?

S'il l'attribue à ce dernier, qui est exposé à indemniser le propriétaire, pour partie au moins, au cas où il ne retrouve pas l'objet dans un délai fixe, refuse-t-il par là même la revendication au propriétaire ? Nous

---

(1) Walter, lex Bainvariorum, I, tit. 14, ch. 4, § 1-3, p. 279.

ne saurions l'admettre sans violer ouvertement les lois d'une saine interprétation.

On insiste et on invoque une loi des Wisigoths, qui refuserait implicitement la revendication.au cas d'abus de confiance : « *Quoties de vendita vel donata re contentio commovetur, id est si alienam fortasse rem vendere vel donare quemcumque constiterit, nullum emptori præjudicium fieri poterit ; sed ille qui alienam fortasse rem vendere vel donare præsumpserit, duplum rei domino cogatur exsolvere* » (1). Le texte suppose que le propriétaire d'une chose vendue ou donnée par un tiers, la réclame en justice ; il décide que l'acheteur ne doit pas éprouver de préjudice, *nullum præjudicium emptori fieri poterit*. On traduit ordinairement cette phrase en disant que l'acheteur conserve la chose, et l'on continue en faisant observer que le propriétaire n'a droit qu'au double de la valeur de sa chose.

Sans doute, ce texte, pris isolément, pourrait s'entendre ainsi ; mais, doit-on maintenir cette explication devant la phrase qui le suit immédiatement : « *emptori tamen pretium quod accepit redditurus, et pœnam quam scriptura continet impleturus.* » Que signifie ce nouveau texte qui complète le premier, en l'expliquant ? Si l'acheteur ne souffre aucun préjudice, c'est qu'il reçoit de son vendeur le prix qu'il lui avait payé ; il est indemne, mais il ne doit pas bénéficier de la faute de son vendeur en conservant en outre la chose malgré le

---

(1) Walter, lex Wisigothorum, I, liv. V, t. 4, § 8, p. 519.

propriétaire. Ce prix qu'on lui rend implique la restitution de la chose, et si celle-ci doit revenir à quelqu'un, c'est bien au propriétaire. De telle sorte que ce texte, dont on a voulu se servir pour refuser au propriétaire la revendication, ne peut sainement s'entendre qu'en supposant cela même qu'on voulait nier.

Cette théorie, du reste, se trouve formellement exprimée dans le *Miroir de Saxe*, qui confère expressément le droit de suite au propriétaire des choses aliénées par le dépositaire (1).

Nous concluerons donc, contrairement à l'opinion généralement suivie, qu'il n'est pas démontré que la règle de l'art. 2279, à savoir que le propriétaire dépossédé ne peut, en principe, exercer la revendication contre le tiers acquéreur, ait son origine dans la vieille législation germanique. Nous admettrons, au contraire, comme plus fondé, que la revendication appartenait toujours au propriétaire, qu'il fût dépouillé par un abus de confiance, un vol ou une perte.

Ces principes passèrent de la législation barbare dans nos vieux coutumiers. « Se un home liue (loue) sa chevauchure à aucun home et celui qui aura la beste liuée la vent à autre, ou l'engage, ou li est prise par dete, la raison comande que le sirc de la beste doit la recouvrer par tout là où il la trouvera (2). » Le droit de suite est formellement accordé au propriétaire contre le tiers qui tient sa chose de son locataire.

---

(1) *Miroir de Saxe*, II, p. 40.
(2) Assises de la Cour des Bourgeois, Ch. 102.

Les partisans de l'origine germanique de notre maxime croient cependant trouver des traces de cette règle dans nos vieux coutumiers : ainsi ils tirent du passage suivant le principe que la revendication est refusée au propriétaire victime d'un abus de confiance, tandis qu'elle lui est accordée au cas de perte. « Celui qui requiert la chose doit mostrer si, come il deit, que il a perdu cele chose, et doit prover par deux leauz garens de la lei de Rome, qui jurent sur saints que ils le virent de cele chose que il requiert saisi et tenant come dou sien. Et il doit après jurer que il ne la vendue, ne donée, ne prestée, ne engagiée, ne aliénée en aucune manière par quei il ne l'a puisse et deive recouvrer par l'assise » (1). Quelle est l'hypothèse visée, quelle est la portée de cette décision ? Une personne veut recouvrer la possession d'un objet qu'elle ne détient plus, elle s'adresse à la justice. Avant de faire droit à sa demande, les assises lui imposent deux obligations. Elle doit d'abord faire la preuve que l'objet lui a appartenu ; pour cela, on se sert de la preuve testimoniale. Puis elle doit établir, par serment, qu'elle a droit de rentrer en possession de la chose, c'est-à-dire qu'elle ne l'a pas abandonnée ou cédée pour un temps comme au cas de prêt ou de gage.

Le défendeur qui aurait acheté, reçu en don, prêt ou gage la chose du requérant, ne peut être dépouillé malgré son droit d'acheteur, d'emprunteur ou de ga-

---

(1) Assises de la Haute Cour, ch. 131.

giste. C'est ce que décide le texte, et on ne saurait, sans
en forcer le sens et en étendre la portée, faire soulever
le différend, non entre le propriétaire et l'acheteur,
emprunteur ou gagiste, mais entre le propriétaire et
le tiers qui aurait acquis de l'emprunteur ou du gagiste.
On se trouverait, du reste, en contradiction avec les
termes formels des *Livres de Justice*, et ce passage des
Assises de Jérusalem qui démontre que la revendication est donnée contre l'acquéreur du détenteur précaire et refusée contre ce dernier, tant qu'il détient
avec droit. « Ce il avient que **J.** home lue sa chevau-
cheure à aucun home ou à aucune feme, et s'il qui
avera la beste louée la vent ou l'enguage ou l'on l'y
tolt pour dete, la raizon coumande que le sire de la
beste ou la dame doit recouvrer sa beste partout où il
la trovera à royaume, par ensi que il veigne dauant
le visconte ou le bailli de la terre où il avera trové la
beste, et meismes ij guarens qui faissent que guarens;
ce est que il jure sur sans que ilselle beste ne vendi,
ne donna, ne engagea, ains que ensi la lua come est
dit dessus, et atant doit rescouvrer sa beste quitement
par droit et par l'*Assise de Jérusalem*. » Le serment du
propriétaire porte sur ce point qu'il ne donna, ne ven-
dit, ni engagea sa chose au défendeur, car alors la revendication échouerait contre le droit qu'il aurait lui-
même conféré au défendeur. Mais, si après avoir juré
qu'il ne l'a pas aliénée au défendeur, il établit qu'il l'a
prêtée ou louée à un tiers, il doit recouvrer sa bête
partout où il la retrouvera, il est armé de la revendication.

Les coutumes plus récentes reproduisent le même principe. Témoins, les coutumes de Sedan, du comté de Bourgogne, d'Anjou, du Maine, du Poitou, d'Amiens, de Reims, de Nivernais, de Blois et celle d'Etampes qui porte : « Est loisible à toute personne vendiquer chose mobiliaire à lui appartenant. »

Au XIVe siècle, Bouteiller le formule en ces termes : « Si aucun avait chose engagée par devers autre, et celui à qui elle serait engagée la vendait à autre, sçachez que le vrai seigneur de la chose la peut toujours retraire et répéter et ravoir la doit » (1).

Loisel, au XVIe siècle, dit : « Pour simples meubles, on ne peut intenter complainte, mais en iceu échet aveu et contr'aveu » (2).

Enfin, Legrand au XVIIe siècle : « Si aucun, ayant prêté ou mis en dépôt son meuble, le gardien ou le dépositaire venait à le vendre, le maître du meuble le peut vendiquer comme sien, en quelques mains que passe ledit meuble, quoique possesseur de bonne foi » (3).

Au XVIIIe siècle, Pothier, dans son traité de la *Prescription* (4), s'occupe des meubles, et, dans le silence de la coutume de Paris, hésite entre la prescription de trois ans et celle de trente ans ; mais il n'a pas la pensée de refuser la revendication, ce qu'il aurait fait assurément,

---

(1) Bouteiller. C. S. t. 48, p. 340. — Cf. Coutumes notoires, art. 159 et 160.

(2) Loisel. L. V, t. 4, r. 13.

(3) Legrand, Commentaire sur la Coutume de Troyes, art. 72, glose unique, n°s 49 et 50.

(4) Partie II, Art. 3.

si le principe eût été admis quelque part en France.
Dans son Introduction à la *Coutume d'Orléans* (1), qui,
elle aussi, ne traite pas de la prescription des meubles,
il semble poser une règle différente : « Notre coutume
ne s'est pas expliquée sur la prescription à l'effet d'acquérir les choses mobiliaires ; il n'est pas bien décidé,
si la prescription de trois ans, avec titre et bonne foi,
qui avait lieu par le droit civil, a lieu dans notre droit
français. Imbert et Bugnon, anciens praticiens, pensent qu'elle n'y est pas admise ; d'autres auteurs pensent
qu'elle y est admise. Il est rare qu'il y ait lieu à la
question, le possesseur d'un meuble en étant, parmi
nous, présumé le propriétaire sans qu'il soit besoin
d'avoir recours à la prescription ; à moins que celui qui
le réclame et s'en prétend propriétaire, ne justifiât
qu'il en a perdu la possession par quelque accident,
comme par un vol qui lui en aurait été fait, auquel cas
il ne pourrait pas y avoir lieu à cette prescription de
trois ans qui, aux termes du droit, n'a pas lieu pour
les choses furtives. » Ce texte de Pothier pose la question suivante : Dans le silence de la Coutume, quelle
prescription faut il appliquer aux meubles : celle de 3
ans ou celle de 30 ans ? Les auteurs sont d'avis différents ; toutefois, la question n'offre que peu d'intérêt,
puisque la procédure suffit le plus souvent à couvrir le
possesseur contre la revendication du propriétaire, sans
être obligé d'en venir à invoquer la prescription. En effet,

---

(1) T. XIV. Des Prescriptions.

au propriétaire qui revendique et qui a établi son droit, le possesseur oppose son acquisition et il en fait la preuve par le fait même de sa possession. Le propriétaire serait donc, d'après ce texte, tenu de prouver que le possesseur n'a pu acquérir son meuble, preuve qu'il ne pourra établir que très difficilement et très rarement. Dans le cas où il réussirait, et dans ce cas seulement, il sera utile d'invoquer la prescription qui s'applique aux meubles. Toutefois, au cas de vol, on ne suit pas la même marche; car ici, puisque la prescription romaine ne pouvait avoir prise, à plus forte raison ne doit-on pas lui attribuer le bénéfice d'une présomption de propriété. Telle est la doctrine qui paraît résulter de ce passage de Pothier et qui s'accorde avec les théories qu'il expose dans ses ouvrages et notamment ce texte si précis, extrait de son traité de la *Prescription* : « Dans les coutumes qui ne se sont pas expliquées sur la prescription des meubles, telles que celles de Paris, celle d'Orléans et beaucoup d'autres, c'est une question de savoir si la prescription triennale y doit avoir lieu. » La question porte sur le point de savoir s'il y a lieu à la prescription triennale ou à celle de 30 ans, et non à la prescription de 3 ans ou à l'absence de prescription. Il discute ensuite, comme les auteurs du siècle précédent, cette question qu'il a posée. Il pense qu'il y a plus de raisons pour admettre l'usucapion de trois ans dans la Coutume d'Orléans que dans celle de Paris. L'article 261 de la *Coutume d'Orléans* : « Quiconque jouit d'un héritage, rente ou droit incorporel, etc.... », qui établit la prescription de 30 ans, exclut dans ses termes les objets mobiliers ; tandis que celle de Paris, dans son article 118, peut les comprendre : « Si aucun a possédé héritage ou rente, ou autre chose prescriptible. »

« Malgré cela, continue Pothier, j'aurais de la peine à croire que la Coutume (celle de Paris) ait voulu n'assujettir les meubles qu'à la prescription d'un temps aussi long que celui de trente ans ; ce temps étant aussi long et même plus long que n'est la durée de plusieurs des choses meubles, ce serait rendre imprescriptibles plusieurs de ces choses : d'ailleurs, ces choses étant de nature à passer successivement en un très grand nombre de mains, si la revendication en était admise pendant aussi longtemps, ce serait donner lieu à des procès interminables. Il faut, néanmoins, avouer que la question, si la prescription triennale des meubles a lieu dans les Coutumes qui ne s'en sont pas expliquées, est encore très problématique. » Pothier hésite donc entre la prescription de 3 ans et celle de 30 ans ; mais il n'a pas la pensée de refuser l'action en revendication. Le texte, tiré de l'Introduction à la *Coutume d'Orléans* et que nous avons cité plus haut, ne saurait, par suite, suffire à l'établir.

Denizart, procureur au Châtelet, confirme cette interprétation: « Celui qui possède des meubles, dit-il, au mot vente, en est présumé le propriétaire, il ne faut pas d'autres titres que sa possession. » Et au mot meuble : « Au Châtelet de Paris, on tient pour maxime certaine que celui qui est en possession de meubles, bijoux et argent comptant, en est réputé propriétaire, s'il n'y a titre au contraire. » Ce qui implique que la preuve contraire est admise et que le demandeur doit prouver non seulement sa propriété, ce qui serait insuffisant pour déclarer le possesseur non-propriétaire, mais encore l'absence de titre chez ce dernier. S'il établit cette double preuve, alors le défendeur n'a plus de recours que dans la prescription, qui, aux yeux de Denizart, est toujours applicable aux meubles.

Bourjon, leur contemporain, s'appuyant, lui aussi, sur la jurisprudence du Châtelet, formule un principe énergique, base d'un système nouveau : « De la Possession en matière de meubles et qu'elle vaut titre. — En matière de meubles, la possession vaut titre de propriété, la sûreté du commerce l'exige ainsi, c'est ce qu'on va expliquer. — C'est une maxime constante au Châtelet, fondée sur la proposition qui suit : la base de cette maxime est qu'on ne possède ordinairement que les meubles dont on est propriétaire, ainsi la possession doit donc quant à ce décider. De là, il s'ensuit que, dans la thèse générale, les meubles ne sont sujets à suite ; note sur M. Duplessis, *Traité des Meubles*, p. 134 (1). »

Désormais, le possesseur de meubles, par le seul fait de sa possession, est armé d'un titre, titre inattaquable qui lui en assure la propriété. La preuve contraire n'est plus ici réservée, comme dans Pothier et Denizart, le propriétaire succombe devant le possesseur qui lui

---

(1) Bourjon, liv. 2, chap. VI, sect. 1, § 1. Des principaux effets que produit la qualité des meubles.

oppose la maxime : « En fait de meubles possession vaut titre. »

Comment cette doctrine s'est-elle produite ? Elle paraît provenir d'une confusion volontaire ou involontaire, d'une généralisation ou d'une erreur, entre le droit de suite du créancier hypothécaire et celui du propriétaire ; et la preuve en est dans l'identité du motif qui avait fait autrefois supprimer le droit de suite du créancier hypothécaire, et dont se sert Bourjon pour justifier la suppression de celui du propriétaire : ce motif, c'est la sûreté du commerce. Bien plus, la citation que fait Bourjon des annotateurs de Duplessis, montre encore cette confusion. Berroyer et de Laurière, dans cette note sur Duplessis, énumèrent les différences entre les meubles et les immeubles, et décident que les meubles n'ont pas de suite par hypothèque, mais ne songent nullement à refuser le droit de revendication au propriétaire. — Bourjon, au contraire, les assimile et leur applique la même règle. — Cette confusion perce enfin dans l'énumération des exceptions données par Bourjon à la règle : « En fait de meubles, possession vaut titre. » Il cite, en effet, non-seulement le propriétaire, mais encore le créancier hypothécaire ou privilégié, comme autorisés, par exception à la règle, à suivre les meubles dans les mains des tiers.

La maxime, en fait de meubles, possession vaut titre, ne remonte donc pas plus haut que le xviiie siècle.

Bourjon, qui nous la transmet, nous apprend qu'il la tient du Châtelet. Elle résulte de la généralisation de la règle coutumière : « Meuble n'a suite par hypothèque. »

§ II. — **Son fondement et sa portée juridique.**

« En fait de meubles, possession vaut titre. » Au titre de la Prescription, article **2279**.

Si l'on s'attache au sens strict des termes de la maxime et à sa place dans le Code, on est naturellement amené à y voir une exception à la règle générale qui, pour la prescription, exige la justification d'un titre. Il est incontestable qu'il ne saurait être question de la représentation d'un acte écrit ; nulle part, en effet, cette règle n'est formulée. Il serait, par suite, inutile de créer une exception à une règle qui n'existe pas. Aussi l'exception porterait-elle sur la justification d'un juste titre d'acquisition, puisque, dans le fait même de sa possession, le possesseur trouverait l'équivalent de ce titre, la loi tenant la justification pour faite. Il pourrait dire : Je possède, donc j'ai un titre. Or, cette présomption de titre venant se joindre à la présomption de bonne foi, article 2268 ; pour invoquer la prescription, le possesseur n'aurait qu'à justifier d'un laps de temps.

Telle est la théorie qui semble se dégager des termes mêmes de la maxime. Elle n'a qu'un défaut, celui d'être incomplète, et le silence de la loi, sur ce point surtout qui a été l'objet de tant de controverses dans l'ancien droit, suffit pour indiquer que ce n'est pas là la pensée du législateur. Si, en effet, la loi dispense du juste titre, par le fait même, elle consacre pour les meubles une prescription. Par quel laps de temps sera-t-elle accomplie ? Les textes ne le fixent nulle part.

Devrait-on prendre le délai de trois ans ? Mais notre article l'assigne précisément à une exception au principe : « Néanmoins, poursuit-il, celui qui a perdu ou auquel il a été volé une chose, peut la revendiquer pendant trois ans, à compter du jour de la perte ou du vol, contre celui dans les mains duquel il la trouve. » La règle ne saurait se confondre avec l'exception, ce qui serait un non-sens. Serait-ce alors un délai plus long ? Mais le détenteur de choses volées ou perdues serait, à raison même de ce vice, plus favorisé que le simple possesseur d'un objet non vicié ! Serait-ce enfin un délai plus restreint ? Mais le silence de la loi n'autorise pas la conversion de notre rôle d'interprète en celui de législateur, il invite plutôt à chercher une solution différente et à entendre autrement les termes de l'article. C'est, du reste, la règle qu'elle pose dans les articles 1156 et 1157. Si, dans les conventions, on doit préférer l'intention des parties au sens littéral des termes, alors surtout que ceux-ci n'amènent à aucun résultat, avec combien plus de raison lorsqu'il s'agit de la loi elle-même ? Aussi rejetterons-nous cette première explication pour une autre plus juridique.

Aucune disposition législative ne fixant de délai pour la prescription des meubles, on est tenté d'en conclure que l'article 2279 a précisément pour but de la dispenser de délai. Cette solution se confirme par la place même qu'occupe cet article dans le Code. Il est au titre de la Prescription, chapitre V : *Du temps requis pour prescrire*, section IV : *De quelques prescriptions particulières*. La suite de ces trois en-têtes conduit à la même conclusion, qu'il s'agit d'une prescription offrant quelque particularité relativement au temps requis, et, cette particularité consiste à ne pas exiger de temps pour la prescription des meubles. En outre, l'article 2279 paraît ainsi compléter logiquement et en suivant toujours un même ordre d'idées la nomenclature des diverses prescriptions acquisitives : prescriptions de trente ans, prescriptions de vingt et dix ans, prescriptions de cinq ans, prescriptions d'un an, prescriptions de six mois et *prescription instantanée*.

Cette argumentation, il est vrai, est bien séduisante et paraît découler naturellement des textes. Cependant, nous ferons observer que la progression descendante ne se trouve pas ainsi marquée dans le Code. La dernière section, en effet, celle qui contient l'article 2279 et qui s'occupe des prescriptions particulières, commence par celles de six mois, indique ensuite celles d'un an, puis celles de cinq ans. Elle formule à la suite quelques règles générales applicables à toutes les prescriptions particulières, et termine par l'article 2279, qu'il place là moins par analogie que par antithèse.

D'un autre côté, ce système repose sur une erreur trop grave pour qu'on puisse s'y arrêter. Il est en contradiction formelle avec les principes de la matière.

La notion primordiale de la prescription, ce qui a toujours constitué son essence, tant à Rome que dans notre ancien droit, est qu'elle ne s'opère que par l'écoulement d'un laps de temps, article 2219. Les jurisconsultes romains, quand ils nous la définissent, ne s'attachent qu'à formuler cette condition, laissant toutes les autres sous-entendues. Se peut-il alors qu'un texte obscur, si peu précis, qui par lui-même ne contient un seul mot exprimant, impliquant même cette grande révolution dans le droit, suffise pour l'établir? Nous nous refusons à l'admettre, à cause même de l'importance de l'innovation. Le législateur n'est pas coutumier du fait ; quand il innove, quand aucun précédent ne motive et ne détermine sa solution, il s'exprime clairement et précise la portée de sa réforme. Ce n'est point ici le cas, donc ce n'est pas sa pensée.

On invoque cependant, à l'appui de cette thèse, l'article 2239 du code civil qui porte que : « Ceux à qui les fermiers, *dépositaires* et autres détenteurs précaires, ont transmis la chose par un titre translatif de propriété, peuvent la *prescrire*. » De ce texte, on tire le principe que les possesseurs, acquéreurs des dépositaires, peuvent prescrire ; d'où on conclut que la prescription existe en matière mobilière et que sa particularité consiste, article 2279, à ne pas exiger de laps de temps. Cet argument fortifierait assurément cette théorie, si l'on ne pouvait concilier les deux articles 2239 et 2279 que par cette explication. Mais il en est autrement, et rien n'indique que cette solution soit plus exacte que la suivante.

Si l'acquéreur du dépositaire, comme celui du fermier, peut prescrire, c'est lorsque, comme ce dernier, il tient de son auteur un *immeuble* prescriptible, article 2265. Et cette opinion n'est point inconciliable avec l'emploi du terme : dépositaire. Car, s'il est vrai qu'ordinairement ce terme soit affecté au gardien d'un dépôt mobilier, tandis que celui de séquestre a la garde d'un immeuble, ces expressions ne sont cependant pas absolues ni dans la pratique, ni dans la bouche du législateur, témoin l'article 1956. Cet article, en effet, s'exprime ainsi : « Le séquestre conventionnel est le dépôt fait par une ou plusieurs personnes, d'une chose contentieuse, entre les mains d'un tiers qui s'oblige de la rendre, après la contestation terminée, à la personne qui sera jugée devoir l'obtenir. » Par séquestre, la loi entend dans cette article la remise en mains tierces soit d'un meuble, soit d'un immeuble, puisque les termes l'impliquent, « chose contentieuse mise entre les mains d'un tiers », et que l'article 1959 dit expressément : « Le séquestre peut avoir pour objet, non seulement des effets mobiliers, mais même des immeubles ». — Ces termes, dépôt, séquestre, n'ont donc pas de sens absolu ; ils peuvent être pris l'un pour l'autre, et ce qui nous invite à le supposer dans l'espèce, c'est le rapprochement des expressions *le fermier et le dépositaire*. La première, en effet, ne pouvant, par sa nature, viser que des immeubles, la seconde, naturellement, a été prise pour désigner également des objets immobiliers. Par suite, l'argument tiré de l'article 2239, pas plus que celui qui résulte de la place de l'article 2279, n'établit en faveur des meubles une prescription dispensée de laps de temps.

La règle de l'article 2279 ne créant ni une simple dispense de titre, ni une prescription instantanée, constitue-t-elle un nouveau mode d'acquérir la propriété ? L'article 1141 s'exprime ainsi : « Si la chose qu'on s'est obligé de donner ou de livrer à deux personnes successivement, est purement mobilière, celle des deux qui en a été mise en possession réelle est préférée et en demeure propriétaire, encore que son titre soit postérieur en date, pourvu, toutefois, que sa possession soit de bonne foi. » Il est tout d'abord hors de doute qu'il ne s'agit point de tradition transférant par elle-même, comme en droit romain, la propriété du *tradens* à l'*accipiens*. Les principes du droit français ne sont pas les mêmes. Le simple consentement suffisant pour transférer la propriété, la première aliénation avait dépouillé le vendeur de son droit sur la chose ; il n'a pu dès lors céder au second acquéreur un droit qu'il n'avait plus. Il s'agit donc dans cet article 1141 d'un cas d'application de la maxime de l'article 2279. Si le second acquéreur l'emporte sur le premier, c'est que sa prise de possession lui confère un droit qui triomphe de la revendication. Mais quel est ce droit, est-ce une acquisition de propriété ? Telle n'est pas assurément la portée de l'article 2279, qui se borne à assimiler à un titre la prise de possession : possession vaut titre. Cette explication, du reste, qui supposerait la création d'un nouveau mode d'acquérir la propriété, ne se trouve confirmée ni par les articles 711 et 712 qui énumèrent les modes admis par le nouveau droit civil, ni par l'autorité des anciens jurisconsultes auxquels nous renvoient nos législateurs. M. Bigot-Préameneu, dans l'exposé des motifs, nous dit en effet : « Dans le droit français... on a regardé le seul fait de la possession comme un titre : on n'en a pas ordinairement d'autre pour les choses mobilières. Il est d'ailleurs le plus souvent impossible d'en constater l'identité et de les suivre dans leur circulation de main en main... Ces motifs ont dû faire *maintenir* la règle générale suivant laquelle : en fait de meubles possession vaut titre » (1). Or, Bourjon, qui le premier a formulé la règle et de qui nous la tenons, s'exprime ainsi : « La simple possession [des meubles] produit tout l'effet d'un titre parfait, » et Pothier et Denizart, « le possesseur d'un meuble en étant parmi nous *présumé* propriétaire. » C'est dans les termes de ces auteurs que nous trouvons la clef du sens et de la portée de l'article 2279.

Cet article crée donc, au profit du possesseur des meubles, une présomption de propriété, mais quelle est la force de cette présomption ? La jurisprudence tend à décider qu'elle n'est qu'une présomption *juris tantum*, qui doit céder devant toute preuve et même toute présomption contraire. Elle raisonne ainsi : Au cas de dépôt, par exemple, le propriétaire déposant qui veut rentrer en possession de son bien, actionne-t-il le dépositaire ? Celui-ci oppose la maxime : En fait de meubles possession vaut titre. Il triompherait ; mais le déposant invoque le contrat de dépôt, dont il fait la preuve. Il est évident que le dépositaire doit succomber, la loi n'a pu consacrer une

---

(1) Locré, législation XVI, p. 586, n° 45.

injustice flagrante, en créant, dans l'article 2279, un moyen de se soustraire d'une façon absolue à l'exécution de ses engagements tacites ou formels. D'où on a conclu que la présomption de l'article 2279 est susceptible d'être combattue par la preuve contraire; qu'elle n'est qu'une présomption *juris tantum*. Ce raisonnement ne nous paraît pas strictement juridique. Il renferme ou une lacune ou une erreur. En effet, le déposant est, à l'occasion du fait du dépôt, armé de deux actions, l'une réelle : la revendication qui relève de son titre de propriétaire, et contre laquelle seule a été créée la présomption de l'article 2279, et l'autre personnelle : l'action en restitution née du contrat. S'il exerce celle-ci, le dépositaire n'a qu'à exécuter son obligation, restituer le dépôt; il ne peut être question de présomption de propriété. Exerce-t-il, au contraire, la revendication, comme dans l'espèce? Au dépositaire qui oppose la maxime : En fait de meubles possession vaut titre, il répond non par une défense destinée à militer contre la présomption, mais par une fin de non-recevoir : « Mon adversaire, dira-t-il, ne peut invoquer la maxime, parce qu'il ne possède pas ; il ne possède pas, parce qu'il tient la chose pour moi, en qualité de dépositaire. » D'où le déposant triomphe, non parce que sa preuve l'emporte sur la présomption de l'article 2279, mais parce qu'il n'y a pas lieu, dans l'espèce, à l'application de cette présomption. On ne peut donc conclure qu'elle cède devant la preuve contraire. On le peut d'autant moins que, non seulement ce principe, s'il existait pour les meubles, serait ici inutilement formulé, puisqu'il ne ferait qu'énoncer une règle générale, applicable tant aux immeubles qu'aux meubles, mais encore son application détruirait toute sécurité des transactions, en exposant ainsi tout acquéreur de meubles à une éviction qu'il ne pourrait ni prévoir ni éviter.

Les termes mêmes de l'article s'opposent, du reste, à cette interprétation. Si nos législateurs, en effet, eussent voulu consacrer cette idée d'une simple présomption attachée à la possession des meubles, ils se seraient exprimés plus clairement et n'auraient pas dit à peu près le contraire de leur pensée. « *Possession vaut titre* », qu'est-ce à dire, sinon que la possession équivaut à un titre de propriété, qu'elle confère presque la propriété?

Outre son inutilité manifeste et son sens divinatoire, la prétendue présomption *juris tantum* laisse intacte la question d'usucapion mobilière, car elle n'entraîne pas sa suppression et la suppose, tout comme en matière d'immeubles. Et alors nous retombons dans les difficultés précédemment examinées. Obligés de fixer un délai pour prescrire, nous ne saurons lequel admettre en présence du silence de la loi. D'autant qu'on ne peut qu'assimiler ou sacrifier en fait la possession libre de tout vice à la possession vicieuse.

Le deuxième alinéa de l'art. 1352, qui vient porter le dernier coup à cette opinion, nous donne la solution en même temps qu'il précise la portée exacte de la présomption établie par notre maxime : « Nulle preuve, dit-il, n'est admise contre la présomption de la loi, lorsque, sur le fondement de cette présomption, elle dénie l'action en justice, à moins qu'elle n'ait réservé la preuve contraire. » Or, nous avons reconnu que l'article 2279, dans son premier alinéa, créait au profit du possesseur de meubles une présomption de propriété. Son deuxième alinéa, accordant exceptionnellement la revendication aux cas de perte et de vol, implique que la règle consiste dans le refus de cette action. C'est donc une présomption sur le fondement de laquelle la loi dénie l'action en justice. Comme l'article 2279 et les articles suivants ne réservent pas la preuve contraire, nous devons conclure que contre cette présomption nulle preuve n'est admise, qu'elle est, par conséquent, *juris et de jure*.

L'article 2279 établit donc, au profit du possesseur actuel, une présomption absolue et irréfragable de propriété contre laquelle vient échouer la revendication de l'ancien propriétaire.

Ce principe, qui sacrifie ainsi la propriété et ses droits à la possession, ne consacre-t-il pas une usurpation ? Sans doute, le propriétaire est sacrifié, mais il l'est à l'intérêt public, l'intérêt particulier devant céder devant l'intérêt général. Les meubles appelés à circuler de mains en mains, sans laisser de trace de leur passage, ne pourraient entrer dans le commerce, s'ils étaient susceptibles d'être toujours revendiqués. Nul ne voudrait traiter, s'il se trouvait exposé à un danger d'éviction qu'il ne pourrait ni prévoir, ni éviter. En effet, son vendeur, auquel il demanderait des preuves de propriété, serait dans l'impossibilité de lui en fournir, étant donné l'habitude de ne pas passer d'écrits.

Exiger un écrit à chaque transfert de meubles serait entraver les transactions et porter un coup mortel au commerce. Aussi a-t-on cru devoir tenir compte des usages et des besoins du temps, et assurer à tout acquéreur la paisible possession du bien loyalement acquis.

Du reste, la plupart des meubles sont d'une valeur si minime que les contestations qui auraient pu s'élever relativement à leur propriété, auraient absorbé et au-delà leur valeur. Pour un seul d'entre eux, à cause de la rapidité de leur circulation, on aurait eu une infinité de recours, ce qu'on a voulu prévenir. « Il faut éviter les procédures qui seraient sans nombre, et qui, le plus souvent, excèderaient la valeur des objets de la contestation » (1).

Tels sont les motifs qui ont fait édicter cette règle si sage qui assure la sécurité du commerce.

On a voulu cependant trouver un autre motif à notre règle et on a invoqué le vieil adage : *res mobilis, res vilis*. Cette origine paraît fort problématique, surtout en présence des déclarations du conseiller d'Etat Treillard : « Il fut un temps où les immeubles formaient la portion la plus précieuse du patrimoine des citoyens, et ce temps, peut-être, n'est pas celui où les mœurs ont été le moins saines. Mais depuis que les communications, devenues plus faciles, plus actives, plus étendues, ont

____

(1) Fenet. t. XV. Exposé des motifs de Bigot-Préameneu sur le titre de la Prescription.

rapproché entre eux les hommes de toutes les nations ; depuis que le commerce, en rendant, pour ainsi dire, les productions de tous les pays, communes à tous les peuples, a donné de si puissants ressorts à l'industrie et a créé de nouvelles puissances, c'est-à-dire de nouveaux besoins et peut-être des vices nouveaux, la fortune mobilière des citoyens s'est considérablement accrue, et cette révolution n'a pu être étrangère ni aux mœurs, ni à la législation » (1).

Le propriétaire de meubles, ainsi exposé à les perdre, n'en sera que plus vigilant et attentif à les surveiller : *jus vigilantibus scriptum est.*

§ III. — Des personnes qui peuvent invoquer la maxime.

L'article 2279 s'exprime ainsi : « En fait de meubles *possession* vaut titre. » Pour invoquer la maxime, il faut posséder. Mais la possession est un acte qui ne peut s'accomplir que par le concours de l'intelligence et du corps. C'est, du reste, ce qu'indique l'article 1141, qui applique évidemment la règle et précise cette condition essentielle en ces termes : « Si la chose qu'on s'est obligé de donner ou de livrer à deux personnes successivement, est purement mobilière, celle des deux

---

(1) Fenet. Travaux préparatoires, L. II, t. I. De la distinction des biens.

qui en a été mise en possession réelle est préférée et en
demeure propriétaire. » Il faut donc posséder et posséder réellement. En d'autres termes, il faut réunir les
deux éléments essentiels de la possession, le *corpus* et
l'animus domini.

On réalise habituellement le premier, *le corpus*, en
appréhendant la chose et la conservant par devers soi.
On le peut encore en préposant quelqu'un à sa garde ou
en la faisant p'acer au milieu de ses effets, bien qu'on
ne l'ait préalablement ni saisie, ni touchée soi-même.
De même, l'acquéreur d'un meuble qui l'aura frappé
d'une marque distincte et apparente, aura suffisamment établi sa prise de possession. Il faut donner la
même solution au cas de remise de clefs du bâtiment
où se trouve le meuble, et avec plus de force encore au
cas où l'acquéreur ne fait que retenir en son pouvoir
un objet qu'il détenait déjà à un autre titre. L'article
1606, au titre de la vente, indique, pour les objets mobiliers, un autre mode de délivrance, par suite de prise
de possession. Mais cette possession est trop fictive pour
lui accorder le bénéfice de la maxime. En effet : « La
délivrance des effets mobiliers, dit cet article, s'opère ..
même par le seul consentement des parties, si le transport ne peut pas s'en faire au moment de la vente. »
L'obligation du vendeur, la délivrance, peut bien être
parfaite par le simple consentement, puisque la loi la
tient pour accomplie ; mais cette exception, créée au
profit d'une opération spéciale, ne saurait être étendue
à notre matière, d'autant que celle-ci exige, article
1141, une possession *réelle*.

La remise des titres, lorsqu'il en existe, peut bien servir à prouver la convention, mais est insuffisante pour transporter la possession. C'est ce principe qu'appliquent les articles 576 et suivants du Code de commerce en exigeant pour le transport de propriété des marchandises vendues, non seulement l'envoi à l'acheteur de la facture et de la lettre de change, mais encore le dessaisissement du vendeur par la sortie de la marchandise de ses magasins, et leur mise en route et voyage pour le compte de l'acheteur. A ce moment seulement, les marchandises sont effectivement à sa disposition. Désormais, il peut les saisir où bon lui semble et en disposer à son gré.

Au premier élément, la détention, doit s'en joindre un autre, la volonté de détenir pour soi. C'est ce qu'exige formellement l'article 2228 en définissant la possession : « La détention d'une chose que nous tenons par nous-mêmes ou par un autre qui la tient en notre nom. » Aussi, tout détenteur pour autrui, dont il reconnaît le droit, ne possède-t-il pas. Ainsi en est-il du dépositaire, qui a reçu pour la conserver la chose du déposant, du locataire qui n'a que le droit d'user de la chose du bailleur, du mandataire auquel on a confié un objet dont il doit rendre compte, et du créancier gagiste qui ne tient la chose de son débiteur que pour sûreté de sa créance et avec obligation de la rendre après le paiement. En un mot, tout détenteur précaire, celui dont la mise en possession accuse la reconnaissance d'un droit supérieur, qu'il le veuille ou non, ne possède pas, et ne peut, par suite, opposer à la revendication du propriétaire la maxime : En fait de meubles, possession vaut titre.

L'héritier du détenteur précaire, son continuateur juridique, qui reçoit la possession telle qu'elle était entre les mains de son auteur, ne peut pas, plus que lui, se couvrir de la maxime, car nul ne peut se changer à soi-même la cause et le principe de sa possession, article 2240. L'article 2237 fait une application de cette règle en matière de prescription.

A la condition de possession que doit fournir le défendeur à la revendication, faut-il ajouter celle de la bonne foi ?

L'article 1141 accorde la préférence et la propriété à celui des deux acheteurs successifs de la même chose qui a été mis en possession réelle, encore que son titre soit postérieur en date, « pourvu, toutefois, ajoute-il, que la possession soit de *bonne foi*. »

De ce texte, on a tiré une conclusion générale, à savoir que la bonne foi était, tout comme la possession, une condition essentielle pour obtenir le bénéfice de l'article 2279.

Quelque force que ce texte paraisse donner à cette opinion, nous lui préférerons cependant une autre qui cadre avec lui, et qui est plus conforme aux termes de l'article 2279, lequel ne vise, en les opposant entre eux, que la possession d'un côté, et de l'autre la revendication.

Il peut se formuler ainsi :

Tout possesseur de bonne ou de mauvaise foi a droit au bénéfice de la maxime : en fait de meubles, possession vaut titre. Par elle, il triomphe de la revendication du propriétaire. Cependant, outre la revendication, ce dernier peut, à raison de son meuble, être armé d'une autre action née d'un contrat, quasi-contrat, délit, quasi-délit, action personnelle en restitution. Comme la maxime ne frappe que la revendication, elle est impuissante contre l'action personnelle d'où découle l'obligation de la restitution.

Le plus souvent, aux cas de délit et quasi-délit, cette action coïncidera avec la mauvaise foi du possesseur.

Telle est la théorie qui ressort des termes mêmes de l'article 2279 et qui ne tient nul compte de la bonne ou mauvaise foi du possesseur pour accorder ou refuser la maxime.

Le premier alinéa de l'article porte en effet : « En fait de meubles, *possession* vaut titre. » Il n'exige d'autre condition que la possession, et déclare le possesseur titulaire du meuble sans distinguer s'il est de bonne ou de mauvaise foi.

Le deuxième alinéa poursuit : « Néanmoins, celui qui a perdu ou auquel il a été volé une chose peut la *revendiquer*... contre celui dans les mains duquel il la trouve. »

De ce second texte, rapproché du premier, il résulte qui si l'exception consiste à donner la revendication au propriétaire dépossédé contre le tiers détenteur, la règle a pour but précisément de refuser cette action contre lui.

C'est directement et exclusivement l'action réelle dirigée contre le tiers détenteur que dénie l'article 2279. La maxime couvre donc le possesseur contre le propriétaire. Toutefois, si ce dernier le poursuit à un autre titre, à titre d'obligé par exemple, la maxime ne peut être opposée à l'action personnelle qui lui échappe, elle ne saurait assurer l'impunité à l'abus de confiance. Nous avons dit que l'article 1141, qui sert de base au premier système, rentre dans les termes mêmes de la théorie.

Si, en effet, le deuxième acquéreur triomphe du premier que la vente a rendu propriétaire, article 1138, c'est que sa bonne foi ne le constitue pas son obligé, et qu'à la revendication il oppose la présomption de propriété née de sa possession, article 2279. Au contraire, la mauvaise foi du second acquéreur le met sous le coup, outre la revendication dont il triomphe par la maxime, d'une action personnelle en restitution née du délit civil d'achat de la chose qu'il sait être à autrui, et sous laquelle il succombe.

Les termes mêmes de l'article 1141 donnent à cette explication une force nouvelle. Ils portent, en effet, que « celle des deux personnes qui a été mise en possession réelle est préférée et *demeure* propriétaire, encore que son titre soit postérieur en date, *pourvu* que la possession soit de bonne foi. » Le second acheteur demeure propriétaire, pourvu qu'il soit de bonne foi ! Qu'est-ce à dire, sinon que, par le seul fait de sa prise de possession, il obtient le bénéfice de la maxime, il est déclaré propriétaire à l'encontre même de la revendication du premier acquéreur Ces termes signifient, en outre, que, grâce à la bonne foi du possesseur, les poursuites du premier acquéreur ne peuvent l'atteindre et le dépouiller, car il *demeure* propriétaire. Si, au contraire, par sa mauvaise foi le possesseur participe à l'abus de confiance commis par le vendeur à l'égard du premier acheteur, cette complicité le rend passible de l'action personnelle en restitution née du délit. De telle sorte que, sur la poursuite du premier acheteur, son titre de propriétaire tombe devant son obligation à la restitution et il ne *demeure* plus propriétaire.

De ces considérations, il résulte que la bonne foi ne saurait être requise comme condition essentielle d'admission de la maxime. Elle doit l'être d'autant moins qu'on arriverait avec cette opinion à donner ou à refuser l'action réelle en revendication, non à tous les détenteurs successifs d'un même objet, mais à telles ou telles personnes déterminées. Ainsi, le propriétaire pourrait revendiquer aux mains du deuxième et du cinquième sous-acquéreur, parce qu'ils seraient de mauvaise foi, le meuble qu'il a prêté à un tiers infidèle, tandis qu'il serait impuissant contre les autres acquéreurs que couvrirait leur bonne foi. Ce n'est pas ainsi que la loi traite l'action réelle en revendication ; quand elle l'accorde, c'est contre tous les détenteurs successifs, qu'ils soient de bonne ou de mauvaise foi, témoin l'article 2279 lui-même, en son deuxième alinéa. D'ailleurs, l'action réelle se refuse à une existence si précaire, qu'une simple aliénation par le détenteur de mauvaise foi pourrait éteindre. Pour détruire le droit du propriétaire sur sa chose, il suffirait donc au possesseur de la céder à un tiers de bonne foi ! Parce qu'il serait de bonne foi, ce dernier ne serait pas soumis à l'action réelle donnée contre son auteur ! Cette solution est en contradiction avec les principes de l'action réelle. Aussi la repousserons-nous.

Nous la repoussons d'autant plus volontiers que, loin d'être en conformité avec l'ancien droit, comme plusieurs le prétendent, elle est rejetée par le texte même sur lequel on a tenté de la fonder. Bourjon, en effet, nous dit : « Duplessis estime qu'avec la bonne foi, il faut trois ans pour prescrire la propriété d'un meuble et trente ans lorsqu'il n'y a pas de bonne foi. J'ai toujours vu cette opinion rejetée au Châtelet, où l'on tient pour maxime certaine, qu'en matière de meubles, la possession vaut titre de propriété, à moins que le meuble ne soit furtif. » De ce texte, on a conclu que le Châtelet maintenait la distinction entre la bonne et la mauvaise foi ; mais, au cas de bonne foi, rejetait la prescription de trois ans, pour la remplacer par la maxime en fait de meubles, possession vaut titre. Mais est-ce bien là la réforme apportée par le Châtelet ? L'innovation porte-t-elle seulement sur ce point, la suppression de la prescription de trois ans pour le cas de bonne foi ; ou plutôt ne comprend-elle pas l'abolition, en matière mobilière, de la prescription et la substitution d'une règle nouvelle : possession vaut titre ? Duplessis affirme qu'il faut trois ans au cas de bonne foi et trente ans au cas de mauvaise pour prescrire les meubles ; et Bourjon, avec le Châtelet, rejettent cette opinion pour admettre un principe nouveau : en matière mobilière, possession vaut titre. Ils ne disent pas : *au cas de bonne foi*, possession vaut titre, mais ils prennent la formule générale : *en matière mobilière* qu'ils opposent à la distinction de Duplessis.

Donc, la maxime nouvelle, introduite par le Châtelet et maintenue par les rédacteurs du Code, est accordée à tout possesseur, qu'il soit de bonne ou de mauvaise foi.

De cette solution il ne faudrait pas conclure que notre opinion consacre une injustice flagrante, en accordant à la possession de mauvaise foi les mêmes privilèges qu'à la possession de bonne foi ; car, si les deux théories offrent des divergences sensibles, l'importance pratique en est assez minime, puisque l'action personnelle donnée au propriétaire pour recouvrer son bien naît le plus souvent de la mauvaise foi. Ainsi, le tiers qui a acquis un objet mobilier d'un détenteur précaire et qui l'a reçu de mauvaise foi, c'est-à-dire sachant que son vendeur n'avait pas le droit d'en disposer, tombe, à raison de sa mauvaise foi, sous l'application des articles 1382 et 1383. Il s'est rendu coupable d'un délit ou tout au moins d'un quasi-délit, qui l'oblige à réparer le dommage causé au propriétaire, à lui restituer son bien qu'il a indûment acquis.

Le premier système repousse l'exception tirée de la maxime, parce que le possesseur n'est pas de bonne foi ; le second, parce que la maxime, qui ne peut être opposée qu'à la revendication, est de nul effet contre l'action personnelle en restitution.

De même celui qui a acquis sciemment du voleur ou de l'inventeur ne peut prescrire l'objet qu'il sait être volé ou trouvé, car sa connivence avec le voleur ou l'inventeur l'expose à une action personnelle en restitution. L'expiration du délai de trois ans à partir du vol ne frappe que la revendication et n'éteint pas l'action personnelle, par laquelle le propriétaire peut, pendant trente ans, poursuivre l'acquéreur en restitution de la chose volée ou perdue.

Il faut cependant signaler un cas où cette divergence est assez accusée, c'est l'hypothèse où le possesseur de mauvaise foi est déclaré en faillite. Le premier système accorde au propriétaire la revendication, c'est-à-dire le droit de reprendre sa chose même parmi les objets de la faillite, sans avoir à s'occuper des droits des créanciers ; tandis que le second ne lui reconnaît qu'une action personnelle, c'est-à-dire le droit de concourir avec les créanciers au marc le franc, sur l'universalité des biens de la faillite, qui comprennent aussi sa propre chose.

La condition de bonne foi repoussée, faut-il au moins exiger le juste titre ? Les termes mêmes de l'article 2279 donnent une réponse négative à cette nouvelle question : en fait de meubles, possession vaut titre. La justification d'un juste titre de possession est précisément une des preuves difficiles qu'on a voulu éviter par la création de la maxime : « On a regardé, disait Bigot-Préameneu, dans l'exposé des motifs, le seul fait de la possession comme un titre : on n'en a pas ordinairement d'autre pour les choses mobilières. Il est d'ailleurs le plus souvent impossible d'en constater l'identité et de les suivre dans leur circulation de main en main » (1).

---

(1) Locré, leg. XVI, p. 586, n° 43.

Mais alors, objecte-t-on, l'héritier apparent, qui s'empare de la partie mobilière d'une succession, sera couvert par la maxime? Il faut ici distinguer, s'agit-il de l'universalité ou d'une quote-part du mobilier; comme c'est un tout juridique, la maxime ne peut s'appliquer. Mais si l'héritier apparent s'empare à ce titre de quelques objets individuellement déterminés, il est couvert par la maxime, car sa possession vaut titre.

Il n'y a pas lieu de distinguer entre les divers titres d'acquisition de propriété, onéreux ou gratuits, la maxime couvre tout possesseur. Sa possession lui tient lieu de titre. Bien que, au cas d'acquisition à titre gratuit, le propriétaire revendiquant *certat de damno vitando*, et le possesseur au contraire *certat de lucro captando*, la règle paraît trop absolue pour lui créer ainsi une exception même équitable. Nous avouerons qu'ici on peut dire avec raison : *Summum jus, summa injuria*. Peut-être y aurait-il lieu à une réforme législative qui créerait une exception pour le cas de donation ; mais encore faudrait-il exclure de cette exception les cas où la donation serait le fait du vrai propriétaire.

De même, on ne saurait voir dans l'article 1238 une dérogation à la règle générale. « Pour payer valablement, dit-il, il faut être propriétaire de la chose donnée en payement et capable de l'aliéner. Néanmoins, le payement d'une somme en argent ou autre chose qui se consomme par l'usage, ne peut être répété contre le créancier qui l'a consommée de bonne foi, quoique le payement en ait été fait par celui qui n'en était pas propriétaire ou qui n'était pas capable de l'aliéner. »

Par *a contrario* de cet article, il semble résulter que le créancier n'est réputé propriétaire de la somme reçue en payement que par la consommation, ce serait cette dernière et non la possession qui le couvrirait contre l'action du propriétaire. En précisant la portée de cet article, on en découvre le vrai sens, qui n'est pas une dérogation à la maxime de l'article 2279, car il ne vise pas les relations du tiers propriétaire avec le créancier, mais bien celles du débiteur avec ce dernier, puisqu'il autorise la répétition.

§ IV. — **A quelles choses s'applique la Maxime.**

La maxime de l'article 2279 indique dans ses termes mêmes son champ d'application : « En fait de meubles, possession vaut titre. » Elle a pour but de réglementer les effets de la possession des meubles. Du reste, les articles précédents, 2265 et suivants avaient fixé la condition des immeubles, en leur donnant la prescription de trente, vingt et dix ans.

Bien que très nettement posée aux articles 516 et suivants, la distinction entre les meubles et les immeubles n'est cependant pas absolue. Aussi, se demande-t-on, dans les cas qui présentent ou simultanément ou successivement le double caractère mobilier et immobilier, quelles règles on doit appliquer, la prescription immobilière ou plutôt la présomption de l'article 2279.

Telle est l'hypothèse des animaux ou instruments

6

aratoires destinés à l'exploitation du fonds et remis par le bailleur au fermier ou métayer. Au regard du bailleur et du fermier, une fiction de la loi, article 522, les déclare de véritables immeubles ; mais pour les tiers, ils n'en conservent pas moins leur caractère propre, qui est essentiellement mobilier. Au cas d'aliénation par le fermier, l'acquéreur pourra-t-il opposer à la revendication du propriétaire la maxime de l'article 2279, ou bien sera-t-il obligé d'invoquer une possession suffisante pour la prescription des immeubles ? La présomption de l'article 2279 lui suffit ; car, pour lui, l'animal ou l'instrument n'est qu'un simple meuble et qu'en fait de meubles possession vaut titre, c'est-à-dire que la possession l'emporte sur la revendication du propriétaire.

Il faut donner la même solution au cas où une chose immobilière est acquise seulement en vue de sa mobilisation. Ainsi, les bois, les moissons encore sur pied sont immeubles ; leur séparation les rend meubles. Un tiers acquéreur de la coupe d'un bois ou de la moisson, dès qu'il réalise sa prise de possession par leur séparation du sol, peut opposer à la revendication du propriétaire la maxime de l'article 2279.

Si, au lieu d'acheter d'un non-propriétaire, séparément et divisément, les meubles immobilisés par destination ou les produits des immeubles, on acquiert en même temps que ces objets et principalement les immeubles auxquels ils sont attachés, l'acquéreur peut-il, au moins pour les meubles, opposer la maxime à la revendication du propriétaire ? Ici, il ne le peut, car si la loi permet au possesseur d'opposer la présomption de propriété, ce n'est qu'à raison de la coutume qu'on a de ne pas passer d'écrits. Or, dans l'espèce, les meubles n'ont pas été achetés isolément, ils l'ont été comme accessoires de l'immeuble ; ce dernier se transmettant d'ordinaire par acte écrit, il y a lieu d'appliquer ici le brocard : *accessorium sequitur principale*. Ce n'est donc que par la prescription que, dans ce cas, l'acquéreur peut se couvrir. — Toutefois, par dérogation au brocard et en vertu de l'article 549, le possesseur, bien que possédant accessoirement des meubles dépendant d'immeubles, en deviendra propriétaire, si ces meubles sont, non de simples *produits*, mais des *fruits* de ces immeubles, la loi étant formelle sur ce point : *exceptiones strictissimi juris sunt*.

La maxime de l'article 2279 exclut implicitement les immeubles ; s'applique-t-elle au moins à tous les meubles? Les termes généraux du premier alinéa de l'article donneraient lieu de croire que telle est la règle, puisqu'ils édictent que « en fait de meubles possession vaut titre » sans poser aucune distinction entre les différentes catégories de meubles. Mais déjà le deuxième alinéa crée une exception au sujet des choses perdues ou volées et porte à croire que la règle n'est pas aussi absolue qu'elle le paraît tout d'abord.

Ainsi, il est évident que la maxime ne vise en rien les meubles en dehors du commerce, puisqu'ils ne peuvent être l'objet d'une appropriation privée. Tels les tableaux des musées, les manuscrits et les livres des bibliothèques du domaine public qui, par leur destination, étant inaliénables et imprescriptibles, ne peuvent, par suite, être l'objet de la présomption de propriété de l'article 2279. Mais, en dehors des choses qui ne sont pas dans le commerce et de l'exception de l'article 2279, la maxime embrasse-t-elle tous les meubles? L'article 533 semble répondre à cette question en précisant les objets que l'on doit comprendre dans ce terme *meubles*. Il porte, en effet, que « le mot meuble employé dans les dispositions de la loi, sans autre addition ni désignation, ne comprend pas l'argent comptant, les pierreries, les dettes actives, les livres, les médailles, les instruments des sciences, des arts et métiers, le linge de corps, les chevaux, équipages, armes, grains, vins et autres denrées ; il ne comprend pas aussi ce qui fait l'objet d'un commerce. » Cette définition, qu'on s'accorde unanimement à n'appliquer à aucune des autres dispositions de la loi, qu'elle dénaturerait, trouve-t-elle au moins ici son application ? On ne saurait le soutenir sans soustraire à l'application de l'article 2279 la plupart des choses pour lesquelles précisément il a été écrit. Pourquoi, en effet, refuser à l'acquéreur d'une médaille la présomption qu'on accorde à l'acquéreur d'un tableau ? Et surtout, quelle sera l'utilité de la maxime, si elle ne frappe aucune des choses qui puissent faire l'objet d'un commerce ? On doit donc rejeter cette définition de l'article 533 qu'on a si justement qualifiée d'imprudente, et chercher ailleurs les principes de la matière. Le silence de la loi nous invite à les chercher dans les motifs mêmes qui ont fait édicter la maxime.

Ces motifs, nous les trouvons signalés par Bigot-Préameneu qui reproduit la doctrine de Bourjon : « Dans le droit français, on a regardé le seul fait de la possession comme un titre : on n'en a pas ordinairement d'autre pour les choses mobilières. Il est d'ailleurs le plus souvent impossible d'en constater l'identité et de les suivre dans leur circulation de main en main. Il faut éviter des procédures qui seraient sans nombre et qui, le plus souvent, excèderaient la valeur des objets de la contestation. » De cet exposé des motifs, nous concluerons que la maxime s'applique au cas où les meubles se transmettent habituellement sans écrit, et où leur circulation rapide empêche de les suivre de main en main.

L'article 195 du Code de commerce nous fournit une application de la règle que nous venons de poser. Cet article, en effet, exige un écrit pour la vente des navires et autres bâtiments de mer. Le possesseur actuel ne serait pas recevable à invoquer la présomption de la maxime « en fait de meubles, possession vaut titre », puisque son titre de propriété doit être constaté par écrit.

De même en est-il des meubles incorporels, des créances, rentes, etc.... qui, aux termes de l'article 1690 du Code civil, ne sont valablement acquis au cessionnaire qu'autant que l'acte de cession a été signifié au débiteur ou accepté par lui dans un acte authentique. Cette obligation d'un mode spécial de transmission de ces meubles fait rejeter la présomption de propriété. C'est, du reste, le motif qu'invoquait Bourjon à l'appui de cette exception, lorsqu'il faisait remarquer que « pour les meubles et effets mobiliers qu'on appelle en droit *nomen* (créances), il y a titre (1) ». Le possesseur négligent ne peut se dire victime d'une erreur invincible.

Mais si les meubles incorporels sont soumis à cette formalité de signification de la cession, tous ne le sont pas. Il en est dont l'existence se confond en quelque sorte avec le titre ; ce sont des écrits qui constatent, sans détermination de personne, au profit du possesseur, quel qu'il soit, un droit cessible par la simple remise du titre lui-même ; ce sont les titres au porteur. Leur nature même s'oppose à la rédaction d'un écrit constatant la translation de propriété. Cette obligation n'existant pas, et leur circulation de main en main étant très rapide, ils tombent sous l'application de l'article 2279. Il faut comprendre, avec les titres au porteur proprement dits, les coupons d'actions et d'obligations qu'on est dans l'usage de donner à titre de paiement.

Il en est de même du billet de banque et de l'argent comptant. Toutefois, pour ces derniers, la preuve de leur identité sera souvent difficile à établir.

Que décider pour les manuscrits ? On n'entrevoit pas tout d'abord de difficulté, puisque, quelque précieux qu'ils soient, ils n'en sont pas moins de simples meubles corporels, cessibles de la main à la main, et relevant par suite de l'article 2279. Mais, outre la matière

----

(1) Livre II, t. VII, ch. de la Revendication de meubles et effets mobiliers.

même et l'œuvre qui y est fixée, le manuscrit peut donner lieu à un autre droit qui a un objet incorporel, la propriété littéraire. Par elle, on a le monopole de la reproduction, de l'édition. Ce droit, bien qu'en fait lié à l'existence du manuscrit, ne saurait comme lui passer de main à main, sans écrit, sans preuves ; aussi rentre-t-il dans la classe des meubles incorporels auxquels la maxime ne s'applique pas. Les statues, tableaux et autres objets d'art sont soumis à la même règle.

Nous reconnaîtrons également comme soumises à la même exception les universalités juridiques de meubles, telles que les successions purement mobilières. Bien que chaque objet soit corporel, le droit porte sur l'universalité, objet incorporel et, à ce titre, ne se transmettant pas de la main à la main. L'acquéreur, du reste, ferait acte de très grande imprudence s'il n'exigeait la production ou justification du titre de son vendeur, sa négligence ne saurait couvrir son erreur.

La précédente exception ne comprend que les universalités juridiques et ne vise en rien les universalités de fait, telles qu'un troupeau, une collection de médailles ou d'autographes, etc., auxquelles on applique la règle générale à raison de leur qualité de simples meubles.

§ V. — Quelles exceptions reçoit la maxime.

Le principe formulé dans l'article 2279 refuse au propriétaire dépossédé l'emploi de la revendication contre le tiers possesseur du meuble. En règle, les meubles sont donc attribués à leur possesseur.

Toutefois, à côté du principe et dans le même article, la loi pose une double exception relative aux meubles volés ou perdus. « Néanmoins, celui qui a perdu ou auquel il a été volé une chose, peut la revendiquer pendant trois ans, à compter du jour de la perte ou du vol, contre celui dans les mains duquel il la trouve ; sauf à celui-ci son recours contre celui duquel il la tient. » Le propriétaire de choses volées ou de choses perdues peut donc les revendiquer, c'est-à-dire est armé du droit de se faire réintégrer par autorité de justice dans leur possession et jouissance.

Pourquoi ces exceptions, quelle en est l'origine ? En créant ces exceptions, la loi a considéré les meubles volés ou perdus comme entachés d'un vice si grave que leur propriétaire, qui n'avait aucune faute à se reprocher, ne peut être de sitôt dépouillé de droit et de fait. Le législateur s'est senti d'autant plus à l'aise pour créer une exception en faveur d'un propriétaire si digne d'intérêt, que, tout en consacrant l'équité, il rentrait dans les errements les plus anciens. Le droit romain, en effet, formulait en ces termes si énergiques le droit du propriétaire volé : *furtivæ rei æterna auctoritas esto.* Le propriétaire volé était toujours armé de la revendication pour recouvrer sa chose. L'ancien droit français et même le droit germanique, nous l'avons vu, insistaient notamment sur le droit pour le propriétaire victime d'un vol ou d'une perte, de recouvrer sa chose par la procédure de l'entiercement. Beaumanoir, Pierre de Fontaines, Bouteiller, reconnaissent également qu'il y a surtout lieu à la revendication aux cas où la chose est « emblée », volée, ou « tolue, » enlevée avec vio'ence ou perdue. Bourjon, qui le premier formula la règle nouvelle, indique lui aussi, entre autres exceptions à la maxime « en fait de meubles, possession vaut titre », l'hypothèse où la chose est volée ; même il justifie cette exception en invoquant à l'appui la loi 2 du Code, de *furtis*, et les § 2 et 3 aux Institutes, *de usucapionibus*.

Nous avons vu précédemment que le voleur ou l'inventeur de la chose perdue, bien que possédant dans toute la force du terme, ne peuvent cependant triompher du propriétaire à raison de l'action personnelle en restitution dont ils sont tenus envers lui et contre laquelle la maxime n'a nul effet. De telle sorte que, si pendant trois ans ils sont soumis à l'action en revendication, à cause du vice du meuble, après ce délai, ils n'en restent pas moins exposés à la restitution pendant toute la durée de l'action personnelle, c'est-à-dire pendant trente ans.

Le propriétaire, dit l'article, peut revendiquer sa chose contre celui dans les mains duquel il la trouve. Il peut revendiquer d'abord contre le voleur ou l'inventeur, il peut revendiquer contre le tiers acquéreur, qu'il soit de bonne ou de mauvaise foi. C'est surtout contre le tiers qu'a été portée l'exception à notre règle ; entre ses mains, la chose ne cesse pas d'être vicieuse, c'est pourquoi le propriétaire peut et doit la recouvrer.

Ce vice n'est point, toutefois, comme à Rome, éternel ; le temps l'efface et, passé trois ans, le propriétaire ne peut essayer de reprendre son meuble au tiers possesseur de bonne foi.

Quelle est la nature de l'obstacle qui, après trois ans, fait refuser la revendication ? Est-ce par l'effet d'une prescription ? Mais la prescription exige une possession pendant un laps de temps plus ou moins long, et ici le délai de trois ans compte à partir, non du jour de l'entrée en possession, mais du jour de la perte ou du vol ; de telle sorte que celui qui, à l'expiration des trois ans, entrerait en possession du meuble volé, pourrait, sur-le-champ, opposer l'exception de l'article 2279 à la revendication du propriétaire.

Puisque l'exception n'est pas l'effet d'une prescription, elle est celui d'une déchéance, c'est-à-dire d'une limite fixée à l'exercice exceptionnel d'un droit. En principe, en effet, le propriétaire ne peut revendiquer. Par faveur, aux cas de perte et de vol, on lui accorde cette action, mais à la condition qu'il l'exercera dans un délai de trois ans. S'il n'use pas en temps opportun de cette faculté, il retombe dans le droit commun, il ne peut revendiquer.

D'où il suit que cette déchéance peut être invoquée par tout possesseur actuel, quelque courte qu'ait été la durée de sa possession ; et, d'un autre côté, que la durée ne saurait être prolongée en faveur des mineurs et des interdits : ils conservent leurs recours contre leur tuteur négligent.

La revendication est donc exceptionnellement accordée au propriétaire de choses volées ou perdues.

Que faut-il entendre par choses perdues ? Les choses perdues sont celles qui sont sorties des mains du propriétaire sans son consentement, à son insu, mais autrement que par vol. Tels sont les meubles égarés par suite d'un défaut de surveillance, ou d'une expédition à une fausse adresse, que le fait provienne du propriétaire ou d'un tiers.

De même en est-il des objets dont le possesseur a été dessaisi par un événement de force majeure, un incendie ou une inondation. Pendant trois ans, les possesseurs, quels qu'ils soient, de ces objets, sont soumis à la revendication qu'ils ne peuvent éviter.

Telle est la règle générale qui régit les choses perdues. Il existe, toutefois, quelques exceptions annoncées en ces termes par l'article 717 : « Les droits sur les effets jetés à la mer, sur les objets que la mer rejette, de quelque nature qu'ils puissent être, sur les plantes et herbages qui croissent sur les rivages de la mer, sont aussi réglés par des lois particulières. Il en est de même des choses dont le maître ne se représente pas. » Cet article qui soumet les épaves à des lois particulières soulève les trois questions suivantes :

Quelle est la législation relative aux épaves maritimes ? Les objets que la mer rejette sur le rivage sont spécialement réglés par l'ordonnance sur la marine de 1681, modifiée par l'arrêté du 8 thermidor an X et par le décret du 12 décembre 1806. Dès leur découverte, l'inventeur doit les déposer en lieu sûr et prévenir les autorités compétentes. Celles-ci font alors les publications d'usage, et, à défaut par le propriétaire de se présenter dans l'an et jour des publications, les objets sont définitivement attribués à l'Etat.

Que faut-il décider relativement aux épaves fluviales, c'est-à-dire aux objets trouvés dans les fleuves ou rivières navigables ou flottables ? L'article 16 de l'édit d'août 1669, titre 31, et la loi du 15 avril 1859 ordonnent également aux inventeurs de les remettre en garde à des personnes solvables et d'avertir les autorités compétentes. Si dans le mois des publications ils ne sont pas revendiqués, le domaine les vend et tient pendant un nouveau délai d'un mois le prix à la disposition du propriétaire. Passé ce second délai, il s'en attribue le bénéfice.

Quid des épaves terrestres ? Il n'existe pas sur cette matière de loi qui pose de règle générale, et le deuxième alinéa de l'article 717, qui renvoie à des lois particulières pour les choses perdues dont le maître ne se représente pas, a peu d'applications. Nous citerons, pour mémoire, la loi du 6 août 1791, titre 9, article 5, sur les ballots abandonnés dans les bureaux des douanes, le décret du 13 août 1810 sur les ballots trouvés dans des bureaux de voitures publiques ou de messageries, la loi du 31 janvier 1833 sur les valeurs confiées à la poste et non réclamées. Mais, en dehors des cas d'applications de ces lois spéciales, on se demande à qui doit être attribuée la propriété des choses perdues et non réclamées.

Doit-on les attribuer au propriétaire du lieu où elles sont trouvées ? Mais ce serait les assimiler en quelque sorte au trésor dont elles diffèrent. Est-ce à l'inventeur ?

Mais ce dernier ne peut les acquérir par droit d'occupation ; ce ne sont pas des *res derelictæ*, des *res nullius* abandonnées sans esprit de retour. Serait-ce à l'Etat par application des articles 539 et 713 ? Mais alors pourquoi l'article 717, qui les suit presque immédiatement, renvoie-t-il à des lois spéciales ; assurément, il rejette cette solution. Aussi doit-on laisser provisoirement l'objet trouvé entre les mains de l'inventeur. Le propriétaire pourra, dans les trois ans de la perte, le revendiquer et le recouvrer. Passé ce délai, la déchéance est encourue pour la revendication ; mais l'action personnelle en restitution, formée contre l'inventeur à raison de la prise de possession de la chose qu'il sait être à autrui pourra être, exercée contre lui, jusqu'à l'extinction de cette action par la prescription trentenaire.

Il faut noter, toutefois, que des circulaires ministérielles du 10 août 1821 et du 5 août 1825, portent que l'inventeur doit déposer les objets trouvés entre les mains de l'autorité ou de la justice. Cette mesure est évidemment très sage, car l'autorité fera des publications qui permettront au propriétaire de retrouver son bien. Mais ces circulaires édictent, en outre, que si, après trois ans, aucune réclamation n'est faite par le propriétaire, l'objet déposé sera attribué à l'inventeur en vertu de l'article 2279. Cette disposition, qu'une loi habile pourrait édicter pour pousser les inventeurs à remettre les objets trouvés entre les mains de l'autorité, nous paraît reposer sur une erreur juridique méconnaissant la vraie portée de l'article 2279, qui ne rend l'inventeur, pas plus que le voleur, propriétaire par le laps de trois ans.

La deuxième exception s'applique au cas de vol. Que doit-on entendre par ce mot ? Le droit romain comprenait par ce terme à peu près tout *déplacement* frauduleux d'une chose fait au préjudice d'un droit quelconque de propriété, d'usage ou de possession. Par suite, l'abus de confiance et l'escroquerie n'étaient que des variétés du vol. Le très ancien droit suivit les errements de la législation romaine. Le Châtelet et Bourjon s'en écartèrent en restreignant la portée de ce terme. Ils accordèrent formellement le bénéfice de la maxime au possesseur tenant un meuble d'un dépositaire infidèle, et exclurent, par suite, l'abus de confiance de la sphère plus étroite du vol. « Si le dépositaire, dit en effet Bourjon, avait vendu le meuble, le propriétaire d'icelui ne peut le réclamer des mains de l'acheteur, parce qu'en matière de meubles la possession valant titre, la sûreté du commerce ne permet pas qu'on accorde une telle revendication ; il faut donc, en ce cas, la rejeter : l'ordre et la sécurité publique l'exigent ainsi » (1). Le droit nouveau, nous l'avons vu, maintient la règle et sa portée, telle qu'elle était comprise par ceux de qui il la tient ; aussi devons-nous nous y conformer, d'autant plus que, par sa définition du vol dans l'article 379 du code pénal, il se range catégoriquement à l'avis de Bourjon. « Le vol, dit cet article, est la *soustraction*

____

(1) Droit commun de la France, liv. VIII, ch. IX, sect. IV, n° 18.

frauduleuse de la chose d'autrui. » Ces remarques suffisent pour repousser l'opinion qui assimile au vol le
cas d'abus de confiance ; en s'appuyant, en effet, sur la
définition romaine du vol, cette opinion ne remonte pas
à la véritable source de la théorie.

Au point de vue rationnel, il semble, tout d'abord,
qu'il y ait identité de situation entre le cas de vol et
celui d'abus de confiance, il n'en est rien cependant ;
car, si dans les deux cas le propriétaire est également
dépouillé frauduleusement, dans le premier il l'a été à
son insu, contre son gré, tandis que dans le second il a
volontairement confié sa chose à un tiers dont il a suivi
la foi. Le tiers l'a trompé, il est vrai, mais le propriétaire a assurément une faute à se reprocher, celle d'a-
voir été trop confiant. D'ailleurs, l'article 1141 confirme
cette théorie. Le vendeur, auquel le premier acquéreur laisse l'objet en dépôt, commet un abus de confiance en aliénant et livrant l'objet à un deuxième acquéreur, et cependant la loi déclare ce dernier propriétaire, par suite, refuse au premier l'action en revendication en vertu de l'article 2279. Faut-il enfin ajouter
que si l'exception à la maxime, en fait de meubles, possession vaut titre, comprend l'abus de confiance, celle-
ci n'a plus de raison d'être, l'exception devenant la
règle et l'absorbant? Les acquéreurs des fermiers, man-
dataires, dépositaires et autres étant par suite soumis à
la revendication, on pourrait se demander dans quels
cas s'appliquerait la maxime, la présomption de propriété annihilant l'action en revendication.

L'article 405 du Code pénal définit l'escroquerie en

ces termes : « Quiconque, soit en faisant usage de faux noms, ou de fausses qualités, soit en employant des manœuvres frauduleuses pour persuader l'existence de fausses entreprises, d'un pouvoir ou d'un crédit imaginaire, ou pour faire naître l'espérance ou la crainte d'un succès, d'un accident ou de tout autre évènement chimérique, se sera fait remettre ou délivrer des fonds, des meubles ou des obligations, dispositions, billets, promesses, quittances ou décharges et aura, par un de ces moyens, *escroqué* ou tenté d'escroquer la totalité ou partie de la fortune d'autrui...» Faut-il faire entrer le cas d'escroquerie dans celui de vol, ou plutôt l'assimiler à l'abus de confiance ? Cette dernière solution est de beaucoup plus juridique. Nous trouvons en effet, de la part du propriétaire, un abandon volontaire de sa chose dans les mains d'un tiers dont il suit la foi. Assurément, s'il n'avait pas été induit en erreur par ses manœuvres dolosives, il ne se serait pas dépouillé lui-même, mais il n'en a pas moins donné un consentement qui saisit le tiers. Il se trouve, comme le propriétaire, dépossédé par un abus de confiance, victime de sa crédulité. Du reste, il ne faut pas l'oublier, les exceptions sont de droit étroit et ne peuvent être étendues d'un cas à l'autre, alors surtout qu'il existe plus de motifs pour assimiler l'escroquerie à l'abus de confiance qu'au vol.

Toutes les fois que le fait constitue par lui-même un vol, il y a lieu à l'exception de l'article 2279. Il doit en être ainsi, même au cas où l'auteur de la soustraction frauduleuse ne serait pas puni à raison, soit de son âge, soit de sa qualité ; car, dans ces hypothèses, le fait matériel existe, puisque les complices ou recéleurs sont punis des peines du vol.

Pour triompher, le demandeur en revendication doit établir deux choses, sa propriété et le vol ou la perte. Il justifiera suffisamment de la première en établissant qu'il était en possession au moment de la soustraction ou de la perte. Il use ainsi lui-même de la présomption de propriété attachée à la possession, preuve de fait assurément plus facile que la preuve de droit. Quant à la seconde, qui est aussi une question de fait, il l'établira également soit par la preuve testimoniale, soit même par des présomp'ions graves, précises et concordantes.

La preuve faite, le demandeur, auquel le possesseur ne peut à cause du vol ou de la perte opposer la présomption invincible de propriété tirée de la maxime, rentre en possession de son bien sans avoir à donner d'indemnité pour la dépossession. Le détenteur évincé n'a d'autre ressource que de recourir en garantie contre son auteur.

Toutefois, le propriétaire ne pourra rentrer en possession de sa chose engagée par un tiers dans un mont-de-piété qu'à la charge de rembourser tant en principal qu'intérêts et droits la somme pour laquelle elle a été donnée en nantissement. L'article 2084 du Code civil, qui donne force de loi aux règlements des maisons de prêts sur gage autorisées, permet, par là même, cette dérogation à la règle commune. Si, cependant, les règlements n'avaient pas été observés, le propriétaire pourrait revendiquer sans bourse délier, et l'administration aurait à supporter les conséquences de sa faute.

On donne même cette solution au cas où la maison aurait imprudemment admis un dépôt d'origine suspecte.

L'article 2280 pose formellement une autre exception en édictant que : « si le possesseur actuel de la chose volée ou perdue l'a achetée dans une foire ou dans un marché, ou dans une vente publique, ou d'un marchand vendant des choses pareilles, le propriétaire originaire ne peut se la faire rendre qu'en remboursant au détenteur le prix qu'elle lui a coûté. » Cette exception remonte au très ancien droit français : « Si le marchand, disent les Etablissements de St-Louis, avait acheté la chose à la foire de Pasques, il r'aurait son argent par la coustume de Paris et d'Orlenois et serait hors de soupeçons » (1). Et Beaumanoir : « Se cil qui a le coze l'aceta en marciès commun, comme cil qu'il creoit que li venderes eut pooir du vendre et ne connoist le vendor..... ; en tel cas cil qu'il poursuit se cozo qu'il perdi ou qui fu emblé ou tolu, ne le raura pas, s'il ne rend ce que li aceterres en païa ; car puisqu'il l'aceta sans fraude et en marcié, il ne doit pas recevoir la perte de son argent par autrui meffot » (2). Elle n'est, du reste, que justice, car ici l'acheteur, qui se place dans les conditions d'achat au grand jour, ne doit pas être imprudemment sacrifié au droit absolu du propriétaire. Elle encourage, en outre, les opérations com-

---

(1) Etablissements de St-Louis, livre II, chap. 17.
(2) Beaumanoir, chap. 52, n° 22.

merciales en leur assurant une garantie sérieuse contre l'éviction. Autrement l'acquéreur, toujours placé sous le coup d'une revendication qui peut le frapper sans pouvoir la prévenir, et qui ne lui offre d'autre ressource qu'un recours contre un vendeur le plus souvent inconnu, ne consentirait à un achat qu'avec une prudence et une circonspection contraires au roulement des affaires. Aussi la loi a-t-elle agi sagement en protégeant les ventes publiques faites par autorité de justice, celles qui se font dans les foires et marchés où tout le monde peut acheter et vendre, et les marchands dont la profession est de vendre des choses pareilles.

L'acheteur qui se trouve dans une de ces hypothèses ne doit rendre la chose qu'autant qu'il est remboursé. Ce remboursement comprend le prix principal, les frais et loyaux coûts du contrat, s'il en est passé. Doit-il comprendre les frais faits sur la chose? Il faut distinguer entre les impenses nécessaires, utiles et voluptuaires. Les premières doivent être remboursées en totalité ; quant aux secondes, elles ne doivent l'être que jusqu'à concurrence de la plus-value. Les dernières restent à la charge de leur auteur.

Toutefois, si ce n'est pas le possesseur actuel qui a acquis dans les hypothèses visées par l'article 2279, mais bien son auteur ou l'auteur de ce dernier, il n'en restera pas moins couvert par cet article, puisque son recours en garantie amènerait au même résultat. Cependant, la somme que devra lui rembourser le propriétaire ne pourra être plus élevée que le prix d'achat en foire ou chez le marchand ; puisque l'exception ne couvre que ces acquisitions et non les contrats postérieurs, et que dans ce cas le possesseur invoque le lieu et place de son auteur.

Le propriétaire qui a remboursé au possesseur son prix d'acquisition, a un recours contre le voleur ou l'inventeur. Peut-il aussi recourir contre tout ancien possesseur qui n'a pas acquis la chose conformément à l'article 2280 ? S'il avait revendiqué au jour où ce dernier détenait encore l'objet, il aurait pu rentrer en possession sans bourse délier ; il semble donc qu'il puisse se faire restituer le prix que celui-ci a reçu en échange de l'objet. Il n'en est cependant pas ainsi, car le lien qui existait entre lui et le propriétaire ne reposait que sur le fait de la détention, il n'était tenu que *propter rem* ; la détention cessant, le lien est détruit, et le propriétaire n'a de recours que contre le nouveau détenteur.

En définitive, le résultat de l'article 2280 consiste à déplacer de la tête du détenteur sur celle du propriétaire les risques d'insolvabilité du voleur, risques fort à redouter dans notre espèce. Aussi la prudence demande-t-elle qu'on n'achète qu'à des marchands, ou dans les foires et marchés ouverts par les autorités et placés sous leur surveillance et contrôle.

§ VI. — Des effets produits par l'application de la maxime.

L'effet immédiat de la maxime est de couvrir le possesseur actuel sous une présomption absolue et irréfragable de propriété. Elle le tient pour le vrai propriétaire. Ainsi, à moins que la chose n'ait été volée ou perdue, le possesseur repousse victorieusement la revendication du propriétaire, en opposant simplement la maxime. Bien plus, s'il vient à perdre lui-même la chose, ou s'il est victime d'un vol, il peut pendant trois ans revendiquer la chose entre les mains de tout détenteur. En effet, s'il est vrai que l'ancien propriétaire ne puisse exercer contre le possesseur actuel l'action en revendication, l'attribut essentiel de la propriété, c'est qu'il n'est plus propriétaire. Or, la chose n'est point ici une *res derelicta*, une *res nullius*, puisque le possesseur a le droit de la retenir même malgré la réclamation du propriétaire dépossédé ; elle est donc à quelqu'un, au possesseur. Celui-ci est donc substitué au lieu et place du propriétaire ; il exerce sur la chose les droits qu'il avait, entre autres l'action en revendication, l'exercice même du droit de propriété.

D'où il suit que, non seulement le possesseur usera de la maxime pour défendre sa possession, mais encore le propriétaire, qui a acquis par un juste titre, aura souvent intérêt à se servir de la maxime pour son propre avantage. Ainsi, au cas où il serait dépossédé, il lui suffirait d'arguer de la seule possession pour revendiquer contre le détenteur. De même, si un tiers contestait la légitimité de son acquisition, il n'aurait qu'à répondre : « en fait de meubles, possession vaut titre ». Ainsi, il n'aurait pas à justifier de l'origine de sa propriété, preuve souvent difficile à établir, surtout en matière mobilière, où on est dans l'usage de ne pas passer d'écrits.

De ces principes, il résulte que le possesseur de meubles, bénéficiaire d'une donation manuelle, peut également repousser toute revendication en invoquant la maxime. Puisqu'il détient la chose en dehors des cas de perte et de vol, il se trouve dans une position imprenable. Il ne faudrait pas cependant en conclure que les donations manuelles ne sont validées que par application de l'article 2279. En effet, si aucun texte du Code civil ne porte formellement que les donations manuelles soient valables, il n'en est aucun qui les prohibe formellement. On invoque cependant comme les prohibant implicitement l'article 931 qui est ainsi conçu : « Tous actes portant donation entre-vifs seront passés devant notaire en la forme ordinaire des contrats, et il en restera minute sous peine de nullité. » Toute donation, dit-on, devant être passée devant notaire sous peine de nullité, la donation manuelle qui se fait par la simple remise de la main à la main est donc nulle. Cette argumentation ne tient pas compte des termes mêmes de la loi. L'article 931 ne dit pas : toute donation devra être passée devant notaire, mais bien : *tous actes portant donation, etc...* D'où il faut conclure que toutes les fois que la donation sera constatée dans un acte, cet acte devra être notarié à peine de nullité. Mais ce qu'on ne peut tirer de cet article, c'est que toutes les donations doivent être constatées par acte notarié. Ces observations, du reste, sont confirmées par les dispositions des articles 852 et 868. Le premier, en effet, dispose qu'il exempte de l'obligation au rapport, entre autres choses, les frais de noce *et présents d'usage*. Il est incontestable que les présents sont des donations manuelles ; si la loi prend soin de les dispenser du rapport, elle reconnaît donc virtuellement leur existence, leur validité. Le second article est plus explicite. Il porte que « le rapport du mobilier ne se fait qu'en moins prenant. Il se fait sur le pied de la valeur du mobilier lors de la donation, d'après l'état estimatif annexé à l'acte ; *et à défaut de cet état*, d'après une estimation par experts, à juste prix et sans crue. » La donation du mobilier peut donc exister sans qu'il soit dressé d'état, elle est valide alors même qu'elle n'aurait été opérée que de la main à la main. C'est, du reste, ce qui était reconnu dans l'ancien droit. Si le Code eût voulu le modifier, il l'aurait expressément indiqué.

Les donations manuelles sont donc valides par elles-mêmes ; elles n'ont pas besoin de l'article 2279 pour les rendre efficaces. En est-il de même de l'attribution des fruits au possesseur de bonne foi ? En d'autres termes, l'art 549 est-il une simple application de l'art 2279, ou bien établit-il un mode spécial d'acquérir la propriété ? Nous nous arrêterons à cette dernière solution, plus en harmonie avec les principes posés au chapitre de l'accession sur ce qui est produit par la chose. Ce chapitre porte en effet que les fruits naturels ou industriels de la terre, les fruits civils et le croît des animaux appartiennent au propriétaire par droit d'accession. Toutefois, par dérogation à ce principe, si un tiers possède ces divers objets, il acquiert les fruits, pourvu qu'il soit de bonne foi. La loi accorde les fruits au possesseur pour lui tenir lieu des frais d'entretien ou de culture qu'il fait de bonne foi, et aussi pour ne pas le dépouiller d'un bénéfice qu'il était en droit de regarder comme sien. Il ne saurait donc être question de présomption de propriété, d'autant moins que l'on ne retrouve pas ici les motifs de la maxime. Les meubles dont il s'agit ne sont pas de ceux dont on ne peut représenter les titres de propriété, puisqu'ils ne sont pas considérés comme possédés principalement, mais bien comme dépendant d'immeubles dont on a les titres d'acquisition. Ce qui le prouve, c'est qu'au cas de mauvaise foi de la part du possesseur, celui-ci est obligé de livrer au propriétaire revendiquant non seulement la chose, mais encore les produits mobiliers qu'il en a retirés. Aussi ne faut-il pas regarder l'attribution des fruits au possesseur de bonne foi comme une application de la maxime, en fait de meubles, possession vaut titre, mais bien comme une dérogation à l'adage *accessorium sequitur principale*.

Si la validité des donations manuelles et l'acquisition des fruits par le possesseur de bonne foi ne sont pas des effets de la maxime, en fait de meubles, possession vaut titre, l'article 2279 a cependant pour effet de restreindre considérablement l'application des articles 565 et suivants, relatifs à l'acquisition de la propriété d'un meuble par droit d'accession, adjonction, spécification, mélange et confusion. Ces articles ne servent à régler ces hypothèses qu'autant que la maxime est inapplicable, c'est-à-dire aux cas de perte ou de vol.

Grâce à la maxime, le possesseur tient la chose et la tient libre de toutes charges. Ainsi, l'usufruitier perd tout droit, si le meuble tombe entre les mains d'un tiers possesseur, de même les actions en résolution, rescision ou nullité, auxquelles pourrait être soumis le précédent possesseur, ne réfléchissent pas contre le possesseur actuel. L'art. 2119 fait l'application de ce principe au cas d'une créance hypothécaire en portant que : « les meubles n'ont pas de suite par hypothèque. » Par exemption, toutefois, et conformément à l'ancien droit, le bailleur peut revendiquer le meuble distrait de la maison louée et exercer son privilège. L'article 2102, n° 1, le consacre formellement en ces termes : « Le propriétaire peut saisir les meubles qui garnissent sa maison ou sa ferme, lorsqu'ils ont été déplacés sans son consentement, et il conserve sur eux son privilège, pourvu qu'il ait fait la revendication ; savoir, lorsqu'il s'agit du mobilier qui garnissait une ferme, dans le délai de 40 jours ; et dans celui de quinzaine, s'il s'agit de meubles garnissant une maison. »

L'article 2279 apporte-t-il en matière mobilière une dérogation aux principes de transmission de la propriété ? Il semble, en effet, qu'il pose une règle en contradiction avec celle contenue dans l'article 1138, d'après lequel la propriété se transmet par le seul effet des conventions. D'après l'art. 2279, en effet, il semble que le possesseur d'un meuble en étant présumé propriétaire, celui qui ne livre pas sur-le-champ son meuble vendu en conserve la propriété. Cette manière de voir serait confirmée par l'article 1141 qui accorde la propriété au second acquéreur. Nous avons déjà réfuté cette théorie. Il est, en effet, inexact de dire que le vendeur reste propriétaire, car l'article 1138 déclare que le seul accord suffit pour transférer la propriété. Non seulement le vendeur n'est plus propriétaire, mais il n'a même plus la possession. S'il est vrai qu'il détienne encore l'objet, s'il a le *corpus*, l'*animus* lui manque totalement, puisqu'il s'est dépouillé irrévocablement en faveur du premier acquéreur. Celui-ci peut le contraindre à restituer tant qu'il conserve la chose entre ses mains. Donc le vendeur n'étant ni propriétaire, ni possesseur, n'a pu transférer au deuxième acquéreur les droits qu'il n'a pas. Donc, les règles sur la transmission de la propriété ne sont pas modifiées par l'article 2279. Si le second acquéreur est déclaré propriétaire, ce n'est pas que la première vente ne tienne pas, mais c'est qu'il trouve, dans sa possession, une exception qui lui permet de repousser toute revendication et notamment celle du premier acquéreur.

Cette question en implique une autre plus générale à laquelle il faut donner la même solution. La maxime de l'article 2279 détruit-elle l'article 1599 : « La vente de la chose d'autrui est nulle » ? Assurément, non. Le contrat n'est pas validé par l'article 2279. Le vendeur n'est pas tenu de livrer et de garantir ; ni l'acheteur de payer. Si la livraison a eu lieu, le possesseur pourra se couvrir par la maxime, en fait de meubles, possession vaut titre, mais il ne pourra invoquer la vente comme lui ayant transféré la propriété.

La maxime, accordant à la possession les attributs de la propriété, entraîne comme conséquence la suppression en matière mobilière des actions possessoires. En effet, lorsque deux parties se disputent une chose mobilière, on entre d'abord dans la question de propriété, puisque celui qui est reconnu possesseur est, par le fait même, déclaré propriétaire, « en fait de meubles, possession vaut titre ». Si la maxime suffit à justifier le rejet des actions possessoires pour les meubles considérés individuellement, nous remarquerons qu'il n'en serait pas de même relativement aux universalités, que nous avons déclarées en dehors de l'application de la maxime.

APPENDICE.

DES TITRES AU PORTEUR.

L'article 1690 du Code civil exige pour la validité, à l'égard de tous, de la transmission des meubles incorporels, la signification du transport faite au débiteur ou son acceptation dans un acte authentique. L'obligation de remplir ces formalités exclut pour ces objets l'application de la maxime de l'article 2279 et des exceptions qu'elle comporte.

Il existe cependant des meubles que leur nature particulière dérobe à ces formalités qu'ils ont précisément pour but d'éluder : ce sont les titres au porteur. Leur simple remise de la main à la main suffit pour en transférer la propriété, et la preuve en est qu'à leur échéance celui-là en obtiendra le remboursement, qui pourra représenter le titre au débiteur. De telle sorte que posséder le titre, c'est posséder la créance, l'existence de celle-ci étant intimement liée à celle du titre. Le titre, représentation effective de la créance, pouvant circuler de mains en mains, sans laisser de traces de son passage, comme les autres meubles, reçoit comme eux l'application des articles 2279 et 2280.

Toutefois, l'assimilation n'est pas absolue et cela tient à la nature même du titre, qui n'en reste pas moins une créance. Aussi peut-il soulever , comme toute créance, non seulement les questions relatives aux rapports du propriétaire avec les tiers détenteurs et à son droit sur la chose, en d'autres termes, la question de revendication , mais encore les droits et recours que peut avoir le créancier dépossédé soit contre l'établissement débiteur, soit contre l'intermédiaire légal des transmissions, l'agent de change.

Il importe donc d'étudier et de résoudre les questions intéressantes relatives : 1° aux rapports du propriétaire dépossédé et du tiers porteur ; 2° à la responsabilité des agents de change et 3° aux obligations de l'établissement débiteur.

1° Du Propriétaire dépossédé et du tiers porteur.

En principe, le titre au porteur, le droit au payement appartient, comme son nom l'indique, au détenteur, au porteur du titre. Article 2279.

Mais le porteur peut être dépouillé contre son gré et le titre passer aux mains d'un tiers.

Sous l'empire du Code, le vol et la perte donnent au propriétaire dépossédé le droit de revendiquer son meuble entre les mains de tout tiers détenteur. Toutefois, la revendication ne peut s'exercer que dans les trois ans de la perte ou du vol. Article 2279, deuxième alinéa.

Si le propriétaire triomphe du détenteur, il peut être tenu de rembourser à ce dernier le prix d'achat. C'est ce qui a lieu au cas d'achat dans une foire, un marché, une vente publique, ou d'un marchand vendant des choses pareilles. Article 2280.

Un point universellement admis est qu'il faut considérer la Bourse comme marché public des valeurs cotées.

On se demande si l'on doit assimiler à la Bourse les comptoirs des agents de change et des changeurs et les tenir pour des marchés publics. Bien que cette opinion soit soutenue, il ne paraît pas que ces comptoirs soient des lieux publics, ouverts à tous, aux curieux comme aux spéculateurs. Bien plus, ces comptoirs ne sont point, comme les marchés publics, soumis au contrôle de l'autorité et tenus sous sa surveillance. Aussi, ne doit-on considérer comme marchés publics des valeurs, que la Bourse, où les négociations se font au vu et au su de tout le monde.

Mais, au moins, les agents de change et les changeurs sont-ils des marchands vendant des choses pareilles ?

Les changeurs n'ont pas reçu de la loi mission de faire les transmissions des valeurs. Bien plus, les articles 4 et 6 de l'arrêté du 27 prairial, an X, et l'article 76 du Code de commerce défendent expressément à tous autres qu'aux agents de change de faire les négociations de tous effets. Les changeurs ne sauraient donc être considérés comme marchands de choses semblables. Si, en fait, les agents de change abandonnent aux changeurs le soin de ces opérations, cette tolérance ne saurait constituer au profit de ces derniers un droit et un privilège en contradiction formelle avec les dispositions législatives.

Quant aux agents de change, qui ont reçu de la loi mission de procéder à la négociation des effets, il importe de distinguer s'ils agissent en qualité d'intermédiaires entre le vendeur et l'acheteur, ou bien s'ils achètent à leurs risques et périls pour revendre en leur propre nom. Dans ce dernier cas seulement on peut les considérer comme marchands habituels de titres au porteur.

Par le fait d'une seule transmission de son titre à la Bourse, le propriétaire dépossédé se trouve privé de l'effet utile de la revendication, puisqu'il ne peut recouvrer son titre que sous l'obligation de rembourser le prix d'achat. Il a, il est vrai, un recours contre le premier aliénateur à la Bourse qui l'a ainsi mis dans la nécessité de rembourser ; mais le plus souvent il ne le connaîtra pas. Son action contre le voleur ou l'inventeur viendra également échouer contre un insolvable. D'un autre côté, l'agent de change, intermédiaire de la négociation, sera de bonne foi et n'aura pas encouru de responsabilité. De telle sorte que le propriétaire se trouvera, par sa revendication, obligé de payer le prix du titre au tiers porteur, sans pouvoir rentrer dans ses déboursés par un recours légitime. Presque toujours, il lui sera préférable de ne point entreprendre les chances d'une revendication stérile.

La jurisprudence essaya de parer un peu à ces inconvénients en tenant sévèrement la main à l'accomplissement des obligations des agents de change et en fixant les cas de responsabilité ; mais cette mesure n'atteignait en rien le tiers détenteur, qui restait couvert par l'article 2280.

Survint la loi du 5 juillet 1872 qui, pour protéger plus efficacement le propriétaire, prononça à son profit la nullité de toute transmission postérieure à la publication d'une opposition en règle. Désormais, le propriétaire peut, sans bourse délier, rentrer en possession de son titre, bien que vendu en Bourse. Pour cela, il doit, dès le moment où il s'aperçoit de la disparition de ses titres, former une opposition entre les mains du syndicat des agents de change. Toute négociation postérieure à l'arrivée à la Bourse du bulletin qui publie l'opposition est radicalement nulle à l'égard de l'opposant (art. 12).

Si la négociation ou transmission des titres a été antérieure à l'opposition, le tiers reste couvert par les articles 2279 et 2280 (art. 14).

Il faudrait donner la même solution au cas où le tiers porteur, bien qu'ayant acheté le titre après la publication, le tiendrait cependant d'un vendeur qui l'aurait lui-même acquis antérieurement à l'opposition. Le porteur, en effet, a le droit d'appeler son vendeur en garantie, et celui-ci peut repousser la revendication en prouvant qu'il était devenu légitime propriétaire. Pour éviter des circuits d'actions complètement inutiles, le cessionnaire doit pouvoir invoquer la même exception que son cédant. La raison le veut, et c'est du reste dans ce sens que s'est prononcé le rapporteur de la commission.

Donc, à l'égard des rapports entre le propriétaire et le tiers porteur, la loi de 1872 a profondément modifié les dispositions des articles 2279 et 2280 du Code civil... Et ce ne sont point là les seules innovations. En effet, la formule générale de son article premier accorde désormais la revendication au propriétaire dépossédé par *quelque évènement que ce soit.* Elle étend par suite, au cas d'abus de confiance et d'escroquerie, la sphère d'application de la revendication en matière mobilière.

Par contre, son article 14 restreint aux seules négociations antérieures à l'opposition l'application des articles 2279 et 2280.

Quant aux autres négociations, elle a étendu la durée de la revendication en ne lui fixant pas de limites, mais elle implique l'urgence d'une opposition hâtive. Grâce à celle-ci, désormais la vente dans un marché public ou par un marchand vendant des choses semblables n'emporte plus pour le propriétaire revendiquant l'obligation du remboursement. La nullité des négociations postérieures à la publication de l'opposition permet au propriétaire dépossédé de rentrer en possession de ses titres sans bourse délier, lui fait préférer ce mode d'action à tout recours contre le voleur, l'inventeur, le premier aliénateur et l'agent de change. Désormais, la charge de cette poursuite incombe au porteur évincé.

Les deux questions relatives à la nature du comptoir du changeur et à sa qualité de marchand perdent de leur importance, puisque désormais on ne cherche plus si le titre a été acheté dans un marché public ou chez un marchand, mais bien si la négociation a eu lieu avant ou après la publication de l'opposition.

2° *Responsabilité des agents de change.*

Les agents de change, par l'intermédiaire desquels se font les aliénations des titres en Bourse, n'encouraient, sous l'empire du Code, d'autre responsabilité que celle du droit commun. On leur appliquait les articles 1382 et 1383. Le propriétaire du titre perdu ou volé avait un recours en dommages-intérêts contre l'agent de change qui, par sa faute ou sa négligence, avait négocié le titre et l'avait mis ainsi dans l'obligation d'en rembourser la valeur.

La négligence consistait à ne pas s'assurer, avant la négociation du titre, de l'identité et de la solvabilité de la personne qui le lui présentait. En cas d'insolvabilité ou de disparition de son mandant, son recours en garantie était illusoire et il supportait en définitive le poids de l'action en dommages-intérêts du propriétaire dépossédé.

Il y avait faute, lorsqu'il avait personnellement connaissance de la perte ou du vol et qu'il n'en aliénait pas moins le titre. D'après une jurisprudence presque unanime, cette connaissance pouvait résulter d'une opposition signifiée à l'agent de change par le propriétaire dépossédé. Aussi ce dernier, pour parer à toute aliénation qui entraînerait le remboursement, devait-il faire opposition entre les mains de tous les agents de change des diverses Bourses de France. Le nombre et le prix de ces oppositions rendaient le remède pire que le mal ; aussi le syndicat des agents de change de Paris prit-il l'habitude de publier les oppositions qui lui étaient signifiées. La jurisprudence tint pour suffisamment connues les oppositions ainsi notifiées et publiées. Dans la suite, on négligea cette publication si utile, à laquelle nulle loi ne contraignait, et de nouveau le propriétaire dut signifier à chaque agent de change une opposition individuelle.

Cet état de choses appelait une réforme. La loi de 1872 l'apporta en obligeant le syndicat des agents de change de Paris à publier un bulletin officiel des oppositions et en tenant pour nulles toutes négociations postérieures à l'arrivée à la Bourse du bulletin contenant publication de l'opposition.

Désormais, la faute est commise par le seul fait d'une transmission postérieure à la publication. L'agent de change est responsable, soit envers le tiers évincé sans indemnité, soit envers le propriétaire au cas où le tiers peut invoquer en garantie un vendeur qui a lui-même acheté en Bourse avant l'opposition.

La mauvaise foi ou une opposition personnelle continuent à le constituer en faute.

Bien que la loi n'ait pas parlé de changeurs, elle les frappe également ; car si en fait ils prennent le lieu et place des agents de change, en droit ils encourent leur responsabilité, *ubi emolumentum, ibi et onus*.

3° *Du Propriétaire dépossédé et de l'Etablissement débiteur.*

L'établissement qui émet des titres au porteur s'engage par le fait même à verser les sommes échues entre les mains de quiconque les lui représente. Ce paiement opère sa libération.

Toutefois, si une opposition au paiement des intérêts et dividendes échus ou à échoir ainsi que du capital lui est faite, il ne peut sans imprudence passer outre et verser les sommes échues au porteur du titre. Dans ce cas, il doit préalablement à tout versement laisser débattre entre les deux prétendants la question de propriété et ne payer qu'après la solution définitive de la difficulté.

Mais si, après une opposition, il ne se présente aucun porteur du titre, que doit faire l'établissement débiteur ? Peut-il refuser tout paiement, sous prétexte qu'il ne doit qu'au titre ; ou doit-il, au contraire, payer à l'opposant les termes échus, lui délivrer un *duplicata* du titre et à l'échéance lui verser le capital ?

Le Trésor, qui d'abord suivit la première opinion, consentit ensuite à délivrer un titre nouveau moyennant un cautionnement représentant le capital et la somme de cinq années d'arrérages.

Les compagnies industrielles refusèrent de payer les intérêts et dividendes des titres perdus en s'appuyant sur cette règle, qu'elles ne devaient qu'au titre. Mais n'est-ce point entendre cette formule, plus de pratique

que législative, dans un sens trop restreint ? Ne signi-
fie-t-elle pas plutôt que si à l'échéance le débiteur
paye un titre qui lui est représenté, à moins d'opposition préalable, ce paiement opère la libération ? Et cette
interprétation est d'autant plus admissible, qu'elle pré-
vient une injustice flagrante : l'enrichissement de la
compagnie débitrice au détriment du propriétaire dont
le titre est détruit.

Les compagnies faisaient aussi une objection. Si le
titre présumé détruit était présenté postérieurement au
paiement aux mains de l'opposant, la compagnie serait
obligée de faire un second paiement, ce qui est également injuste. Mais la compagnie n'était pas tenue de
faire le premier paiement sans obtenir des garanties
suffisantes pour la couvrir au cas de reproduction du
titre ; aussi la jurisprudence, qui avait d'abord écouté
les prétentions des compagnies, revint-elle sur ses dé-
cisions et autorisa les opposants à percevoir les intérêts
et dividendes échus, moyennant une caution solvable.
A défaut de caution, elle ordonna même la consignation à la caisse des dépôts et consignations des sommes
échues et de celles à échoir au fur et à mesure de leur
échéance. Cinq ans après l'échéance, la prescription des
intérêts était acquise en faveur du débiteur et, suivant les cas, la caution était déchargée, ou l'opposant
pouvait retirer les sommes consignées et prescrites.

De même, la jurisprudence autorisa le paiement sous
caution du capital exigible ou sa consignation à la
caisse. Comme la prescription était ici trentenaire, la
caution n'était déchargée qu'après les trente ans et la

caisse tenue de rembourser qu'après ce même laps de temps.

Quant aux *duplicata*, les tribunaux refusèrent d'en autoriser la délivrance. La compagnie débitrice, en effet, ne pouvait être libérée envers le titre que trente ans après son exigibilité et le détenteur du *duplicata* acquérait contre elle un véritable titre de créance par sa possession, qui devait être antérieure à l'échéance, de telle sorte que la compagnie se serait trouvée deux fois débitrice de la même dette. Cette considération arrêta toute tentative en ce sens.

La loi de 1872 porta des règles précises sur la matière.

Le propriétaire dépossédé fera notifier par huissier à l'établissement débiteur une opposition au paiement tant du capital que des intérêts ou dividendes échus ou à échoir.

Lorsqu'il se sera écoulé une année depuis l'opposition sans qu'elle ait été contredite, et que, dans cet intervalle, deux termes au moins d'intérêts ou de dividendes auront été mis en distribution, l'opposant pourra se pourvoir auprès du président du tribunal civil du lieu de son domicile, afin d'obtenir l'autorisation de toucher les intérêts ou dividendes échus ou à échoir, au fur et à mesure de leur exigibilité, et même le capital des titres frappés d'opposition dans le cas où ledit capital serait ou deviendrait exigible.

Si le président, ou, sur son refus, le tribunal, accorde l'autorisation, l'opposant devra, pour toucher les intérêts ou dividendes, fournir une caution solvable ou un nantissement, tenus pendant deux ans à dater de l'autorisation. A défaut de caution ou de nantissement, l'opposant pourra faire consigner les sommes échues ou à échoir, au fur et à mesure de leur exigibilité. Deux ans après l'autorisation, l'opposant pourra retenir les sommes déposées et percevoir librement celles à échoir.

Si le capital est devenu exigible, l'opposant pourra ou en toucher le montant moyennant caution, ou faire consigner. Dix ans après l'exigibilité, et cinq ans à partir de l'autorisation, si l'opposition n'est pas contredite, la caution est libérée et la caisse tenue de rembourser les sommes déposées.

Au cas où l'opposition n'est pas contredite, les paiements faits conformément à ces principes libèrent l'établissement débiteur envers tout tiers porteur qui se présenterait ultérieurement. Ce dernier, toutefois, conserve une action personnelle contre l'opposant qui aurait formé son opposition sans cause.

Mais, si l'opposition est contredite avant la libération de l'établissement, celui-ci doit provisoirement retenir les titres présentés contre un récépissé remis au tiers porteur et en avertir l'opposant. La décision de la justice sur la question de propriété détermine à qui les paiements doivent être faits.

Dix ans après l'autorisation et la publication constante de l'opposition, la compagnie peut être tenue d'émettre un *duplicata* subrogé au lieu et place du titre primitif, qui reste frappé de déchéance et dont le numéro doit être publié pendant les dix années qui suivent la délivrance du *duplicata*.

Telles sont les modifications apportées par la loi du 5 juillet 1872, relativement aux titres au porteur.

En ce qui concerne les coupons d'actions ou d'obligations au porteur, détachés du titre et perdus ou volés, le propriétaire n'a qu'à former aux mains de l'établissement débiteur une opposition au paiement. Si, dans les trois ans de l'échéance et de l'opposition, celle-ci n'a pas été contredite, il pourra réclamer le montant des coupons, sans être tenu de se pourvoir d'autorisation.

L'article 16 s'exprime en ces termes : « Les dispositions de la présente loi sont applicables aux titres au porteur émis par les départements, les comunes et les établissements publics, mais elles ne sont pas applicables aux billets de la Banque de France, ni aux billets de même nature, émis par les établissements légalement autorisés, ni aux rentes et aux autres titres au porteur émis par l'Etat... »

Les rentes et tous titres au porteur émis par l'Etat restent donc soumis aux règles générales et à certaines lois spéciales complétées par des décrets et règlements. Cette disposition est, pour cette catégorie importante de valeurs, une cause de dépréciation qu'il eût peut-être mieux valu éviter en les rangeant sous les règles tracées par la nouvelle loi.

Quant aux billets de banque, l'article 16 laisse subsister de très sérieuses difficultés, ainsi qu'une vieille controverse fondamentale relative à leur nature et aux règles qu'il convient de leur appliquer. Doit-on assimiler les billets de banque aux titres au porteur, ou plutôt les traiter comme une monnaie fiduciaire ?

Le billet de banque s'écarte du titre au porteur ordinaire par de très nombreuses différences.

Ainsi, tandis que les titres au porteur sont généralement remboursables à échéance fixe déterminée soit lors de leur émission, soit par la voie du tirage au sort, les billets de banque au contraire sont payables à vue, c'est-à-dire remboursables quand il plaira au porteur de les représenter au bureau de la Banque, ce qui peut avoir lieu dans un temps indéfini, tout comme immédiatement après leur émission. Ici, il n'y a point de limite précise, par suite pas d'époque à partir de laquelle court le délai pour la prescription libératoire de l'établissement débiteur.

Les titres au porteur produisent des intérêts ou dividendes exigibles à des époques fixes et que l'établissement débiteur prescrit par un délai de cinq ans. Les billets de banque ne produisent ni intérêts ni dividendes, ils sont émis et remboursables contre le paiement de leur valeur nominale.

De ces deux différences, en découle une autre. Le titre, qui produit des intérêts et dividendes et dont le capital est également remboursable à échéance fixe, peut facilement donner lieu, aux époques des échéances, à la vérification des oppositions formées contre ces paiements et amener ainsi la découverte des détournements frauduleux. Comment faire ce travail pour les billets de banque, qui peuvent rester indéfiniment en circulation et n'être représentés à l'établissement débiteur qu'après un délai fort long ?

La valeur des titres au porteur dépend d'une multitude de circonstances, telle que leur nature, l'importance et la réussite des entreprises qu'ils représentent, la hausse ou la baisse de la Bourse ; ils offrent, par suite, tous les caractères d'une chose commerciale. Les billets de banque, au contraire, offrent constamment la même valeur. Leur émission, leur circulation et leur remboursement se font toujours sur le pied de leur valeur nominale.

De plus, si les titres au porteur sont négociables de droit chez les agents de change et de fait chez les changeurs et surtout à la Bourse par leur entremise, où trouver pour les billets de banque des marchands de choses pareilles ou des marchés et foires ?

En existât-il, l'application de l'article 2280, d'après lequel le propriétaire dépossédé ne peut se faire rendre sa chose qu'en remboursant au possesseur le prix de son acquisition, ne rendrait-elle pas illusoire la revendication du propriétaire ? Plutôt que d'avoir à soutenir les frais et les ennuis inhérents à toute instance pour aboutir au remboursement pur et simple de la valeur réelle du billet qu'il reprendrait au possesseur, il préfèrera assurément laisser les choses en l'état.

De toutes ces différences, on a conclu que les billets de banque ne sont pas des titres au porteur, mais plutôt une monnaie fiduciaire. Cette conclusion paraît d'autant plus justifiée que ces billets rentrent dans la fortune individuelle au même rang que la monnaie d'or et d'argent. Les dettes se paient indifféremment en billets ou en pièces métalliques et même cumulativement.

Quelque nombreuses et quelque importantes que soient ces considérations, elles ne nous paraissent pas suffire pour refuser aux billets de banque le caractère de titres au porteur. Qu'est-ce, en effet, qu'un titre au porteur, sinon un acte écrit attestant l'existence d'une dette payable à quiconque représente l'écrit ? S'il est un titre qui mérite ce nom de titre au porteur, c'est bien le billet de banque, par lequel la Banque de France s'engage à rembourser, à celui qui se présente à ses bureaux muni de ce titre, la somme qu'elle a reçue en espèces ou en nature. Le billet de banque est donc un titre, puisqu'il atteste l'existence d'une dette, d'une créance ; il est au porteur, puisqu'il est payable au détenteur. Il faut donc affirmer que le billet de banque est un titre au porteur.

Cette doctrine, du reste, est entièrement confirmée par la loi du 5 juillet 1872. Le rapprochement de son entête et de l'article 16 suffirait pour établir qu'elle tient le billet de banque pour un titre au porteur. L'entête porte, en effet, que cette loi règle exclusivement la condition des titres au porteur, et l'article 16 édictant des exceptions, dit qu'il faut cependant ne pas appliquer ces dispositions aux billets de la Banque de France.

Si cet argument pouvait soulever le moindre doute, l'article 16 à lui seul le dissiperait. Il porte, en effet, que « les dispositions de la nouvelle loi sont applicables *aux titres au porteur* émis par les départements... mais elles ne sont pas applicables aux billets de la Banque de France, ni aux billets de même nature émis par des établissements légalement autorisés, ni aux rentes et aux *autres titres au porteur* émis par l'Etat... » S'il existe d'autres titres au porteur, les objets qu'on vient d'énumérer sont donc aussi des titres au porteur. Comment concevoir les *autres*, sans comprendre forcément dans la pensée les *uns* ?

Les billets de banque sont donc des titres au porteur. S'ils sont des titres au porteur, nous conformant à l'invitation de l'article 16 de la loi de 1872, nous leur appliquerons les règles générales y relatives, en ce qu'elles leur pourront être appliquées. Nous reconnaîtrons que ces billets ne sont pas des titres au porteur ordinaires ; c'est pourquoi, du reste, les dispositions de la loi de 1872 ne leur sont pas applicables.

Le possesseur de billets de banque est tenu pour leur propriétaire : en fait de meubles, possession vaut titre.

Aux cas de vol et de perte, mais en ces cas seulement, le propriétaire pourra revendiquer pendant trois ans contre tout détenteur.

Pendant trente ans, il pourra exercer l'action personnelle en restitution contre tout détenteur qui aura commis à son égard et à l'occasion du billet de banque un délit ou quasi-délit civil.

Il pourra revendiquer, car les numéros d'ordre des billets suffisent pour les individualiser. Les pièces d'or ou d'argent, au contraire, ne portent en elles aucun signe caractéristique qui puisse les distinguer les unes des autres et permettre leur revendication.

On objecte que le droit accordé au propriétaire dépossédé de revendiquer ses billets serait pour la Banque une cause de discrédit. On n'accepterait pas des titres dont on ne pourrait obtenir le remboursement, sous le prétexte qu'ils auraient été volés ou perdus depuis moins de trois ans. Il y a là assurément un inconvénient; mais notre mission n'est pas de faire ou de modifier la loi, mais simplement de l'interpréter et de déclarer ses applications. Cet inconvénient, du reste, perd de son importance, si l'on considère les difficultés pratiques pour établir en justice le fait de la possession et celui de la dépossession des billets qu'on revendique. Ces cas de revendication sont bien peu fréquents.

A côté de la question de revendication, s'en présente une autre non moins importante, celle de savoir si le propriétaire dépossédé peut former opposition au paiement des billets par l'établissement débiteur et s'il peut intenter une action en remboursement des billets perdus ou détruits.

Cette importante question a donné lieu à deux arrêts contradictoires émanés de la Cour d'Alger et de la Cour de Cassation. Comme ils formulent très exactement les deux opinions en présence, nous allons les reproduire dans leurs principaux arguments.

Des billets de la banque d'Algérie avaient été envoyés de France en Algérie par le navire l'*Atlas*. Ce bâtiment fit naufrage. Les expéditeurs, les frères Casteras, intentèrent devant le tribunal d'Alger une action en remboursement contre la banque d'Algérie. Le tribunal fit droit à la demande. La banque interjeta appel. La Cour confirma le premier jugement par ces motifs :

« Attendu, que ce qu'on ne saurait méconnaître, c'est que le billet de banque, entre les mains du porteur, forme un titre au moyen duquel ce dernier peut, à tout moment, venir en réclamer la valeur en argent ; qu'il suit de là que si le titre vient à périr par cas fortuit ou force majeure, le bénéficiaire, au moment de la perte, est autorisé, aux termes de l'article 1348 du Code Napoléon, à faire la preuve de l'accident et, cela fait, à demander à l'encontre du débiteur, soit un titre nouveau, soit le paiement ; que ce droit est incontestable, quelle que soit la nature que l'on veuille donner au titre dont il s'agit ; qu'il importe peu dès lors qu'il soit à personne ou seulement au porteur ; que l'obligation de payer est, en effet, toujours la même dans un cas comme dans l'autre, la preuve de la perte équivalant à la représentation du titre lui-même ; que, sans doute, la Banque de l'Algérie insiste ; qu'elle prétend que le contrat qui s'est opéré entre elle et le porteur n'est autre qu'un échange, et que, par suite, dès le moment qu'on ne peut lui remettre ce qu'elle a donné en échange de l'or qu'elle a reçu, elle est à l'abri de toute demande ; mais que ce système ne saurait être admis ; que la remise d'un billet de banque ne peut, en effet, être considérée comme veut le faire l'administration ; que, loin de là, il est certain que ledit billet constitue une véritable reconnaissance, c'est-à-dire un titre de créance donnant droit au bénéficiaire médiat ou immédiat de réclamer, non les espèces qui peuvent avoir été versées, ce qui devrait avoir lieu au cas d'échange proprement dit, mais une valeur égale en une monnaie quelconque, comme cela se pratique à l'égard de toute obligation de payer ; qu'à la vérité, il faut reconnaître que le contrat dont il s'agit peut bien différer des autres contrats en général sur quelques points, et constituer, si l'on veut, un contrat particulier *sui generis* ; mais qu'il n'en ressemble pas moins aux autres, ce qui est l'important. Sur le point principal, c'est-à-dire l'obligation pour le débiteur de rendre à un moment donné ce qui peut avoir été perçu par lui ; que vainement ladite administration oppose que, les billets mêmes n'étant pas représentés, elle est priée de les remettre en circulation, ce qui lui cause un préjudice ; qu'effectivement, cette circonstance ne saurait la dispenser de payer ce qu'elle ne peut méconnaître devoir ; attendu qu'au reste, il est d'autres cas où les billets de banque, quoiqu'ils ne puissent plus servir, n'en sont pas moins payés, que c'est ce qui arrive, elle le reconnaît elle-même, lorsqu'on lui représente des billets détériorés ou même anéantis en partie, que l'on ne voit pas dès-lors pourquoi elle pourrait, dans l'espèce, être admise à proposer le moyen qu'elle invoque ; qu'il est positif, en effet, que la situation est la même, puisque, en définitive, que les billets aient péri en entier ou à moitié, ils ne peuvent pas plus être remis en circulation dans un cas que dans l'autre ; que tout ce que ladite administration est donc en droit d'exiger, c'est qu'au cas de perte absolue, le porteur fasse les justifications que le législateur a mises à la charge de tout bénéficiaire d'une obligation quelconque ; que, sans doute, elle prétend que les obligations du droit commun ne sont pas applicables à la

cause; mais que c'est là une erreur ; qu'effectivement,
il est hors de doute que le mode indiqué pour faire preuve
et les conséquences qui découlent forcément de la dé-
monstration une fois faite, doivent recevoir application
dans toutes les obligations qu'elle qu'en puisse être la
nature, toutes les fois que, par une loi spéciale, aucune
modification n'a été apportée à la loi générale; que telle
est la situation des parties ; que la seule difficulté que
la cause devrait soulever serait donc de savoir si la preuve
a été faite ou non ; que c'est, du reste, ce qui ressort de
la jurisprudence même invoquée par l'administration ;
que l'arrêt Frémeau, émané de la Cour de Paris dont
elle exipe, déclare lui-même d'une manière implicite,
il est vrai, mais néanmoins formelle, qu'au cas où le
porteur viendrait à prouver que l'obligation a péri dans
ses mains, il n'y a pas lieu à l'application des principes
sévères et absolus qu'il porte ; attendu, cela étant, qu'en
fait la perte des billets dont il s'agit ne saurait être sé-
rieusement contestée ; que les frères Casteras auraient
donc pu exiger le paiement immédiat ; qu'effectivement, les craintes que manifeste la Banque de l'Algérie
de voir un jour apparaître les billets en litige sont chi-
mériques ; qu'il n'y a donc pas lieu de s'y arrêter ; qu'il
est d'ailleurs à considérer que puissent-elles se réaliser,
la position de cette administration ne serait pas plus
mauvaise, puisque, d'une part, lesdits billets ne pourraient plus être présentés que dans un état déplorable,
et que, d'autre part, le porteur ne pouvant plus les posséder désormais que par un abus coupable, cela suffirait
pour qu'elle fût en droit de se refuser à les acquitter ;

qu'elle aurait, enfin, dans tous les cas, l'action en répétition contre les frères Casteras ; qu'il suit de là que le jugement attaqué doit d'autant plus être maintenu que, loin d'ordonner le paiement pur et simple, ce qu'il eût pu faire, mais ce que ne peut ordonner la Cour, aucun appel incident n'ayant été relevé, il a prescrit des mesures qui sauvegardent et au-delà tous les intérêts (1).

La Cour de Cassation casse cet arrêt par les motifs suivants : « Vu l'article 1048 du Code Napoléon et l'article 4 de la loi du 4 août 1851 ; attendu que ce dernier article dispose que la Banque de l'Algérie est autorisée, à l'exclusion de tout autre établissement, à émettre des billets au porteur de 1000, 500, 100 et 50 francs ; que ces billets sont remboursables à vue au siège de la Banque ; attendu qu'il est de la nature des billets ainsi définis et caractérisés de n'impliquer aucun rapport direct ou personnel entre ceux qui les possèdent et la Banque qui les a émis, et qu'à cet égard il est au contraire permis d'affirmer que les obligations de cette Banque, comme les droits des porteurs, procèdent du titre seul et s'y réfèrent exclusivement, ce qui revient à dire que la Banque d'Algérie ne peut être obligée au remboursement de ses billets que sur leur présentation et en échange de leur remise effective ; attendu, en outre, que si, à un point de vue général, on vient à con-

---

(1) Cour d'Alger, 4 mars 1865 (Sirey, 65, II, p. 155).

sidérer les billets de Banque en eux-mêmes et d'après les effets qui leur sont propres, on demeure convaincu qu'ils se distinguent de toutes les autres valeurs par des différences de telle nature que, sous ce rapport encore, il y a lieu d'écarter, en ce qui les concerne, l'application de l'article 1348 du Code Napoléon ; ainsi, il est incontestable que, tandis que le débiteur, en cas de perte du titre, peut toujours contrebalancer le danger de la preuve testimoniale, en puisant, de son côté, les éléments de la preuve contraire, soit dans ses rapports personnels avec le créancier, soit dans les circonstances concomitantes de la convention alléguée , les Banques, en ce cas, seraient au contraire, absolument dépourvues de tout moyen de contrôle et d'investigation ; ainsi, il est encore incontestable que, tandis que le débiteur qui a fourni un titre émané de lui est par là même, eu égard, du moins, à la sincérité matérielle de ce titre, à l'abri de toute surprise, cet élément de sécurité fait, au contraire, complètement défaut, quand il s'agit de billets de Banque : ce qui, en définitive, n'irait à rien moins qu'à priver ces établissements du seul moyen de vérification qui puisse les prémunir contre les éventualités d'une falsification plus u m oins imminente ; on ne peut pas contester davantage que, tandis que la prescription est toujours opposable quand il s'agit des autres titres, elle est, au contraire, péremptoirement exclue, quand il s'agit de billets de Banque, par cette raison bien simple qu'il n'y a pas de prescription là où l'obligation n'a pas de point de départ fixe, ni d'échéance déterminée ; on ne peut pas contester enfin

que lorsque, ce qui s'est déjà rencontré, le titre reparaît
même après le jugement qui l'avait déclaré perdu, par
suite d'un cas de force majeure, le débiteur ne puisse
alors opposer l'exception de libération au porteur, quel
qu'il soit, de ce titre, tandis que, dans ce même cas, les
Banques seraient, au contraire, et nonobstant un premier paiement qu'elles auraient fait des billets réputés
perdus, forcées de rembourser une seconde fois au porteur actuel, celui-ci étant, en effet, toujours présumé
de bonne foi, en raison de la nature même du titre ; attendu que, de tout ce qui préécde, il y a lieu de conclure qu'un état de choses qui se caractérisent ainsi,
aurait nécessairement pour résultat de créer au grand
détriment des Banques une situation tellement chargée
de périls et de difficultés, qu'il est manifeste que l'on ne
pourrait, sur la seule foi de la preuve orale, les contraindre au paiement des billets qui ne seraient pas représentés, sans troubler profondément les conditions de
confiance et de sécurité sur lesquelles repose le principe
même de leur institution et qui garantissent d'autant leur plus grande utilité, ce qui ne saurait être
admis (1). »

De ces deux arrêts, celui de la Cour d'Alger nous paraît avoir le mieux saisi et appliqué les principes. En
effet, la Cour de Cassation refuse de contraindre la Banque au remboursement sous le prétexte qu'elle ne doit
qu'au titre. Elle ne doit qu'au titre, puisqu'il prouve

---

(1) Cassation, 8 juillet 1867 (Sirey, 67, I, p. 317).

le droit ; mais si cette preuve fait défaut, comme dans l'espèce, l'article 1348 accorde formellement au titulaire dépossédé de suppléer à cette preuve par d'autres qu'il regarde comme équivalentes. Quant à l'objection que la Cour de Cassation tire du défaut de rapports directs et personnels entre la Banque et les porteurs de billets, elle est loin d'être concluante. Si la Banque veut bien émettre des titres privilégiés à bien des points de vue, n'est-il pas juste qu'elle supporte au moins les inconvénients inhérents à ces privilèges ? Si ces titres ne rapportent ni intérêts ni dividendes et si tout le monde peut en devenir successivement légitime possesseur à l'insu du débiteur, ce dernier, en les émettant, a bien accepté ces caractères et leurs conséquences. En cela, on ne peut trouver qu'un motif pour être plus sévère dans l'établissement de la preuve, mais on ne saurait logiquement, comme l'a décidé la Cour de Cassation, repousser *ipso facto* le réclamant. Elle exprime enfin la crainte de voir le billet déclaré perdu se produire plus tard et la Banque tenue à un second paiement. Assurément, il y a là un danger, mais un danger inhérent à toute décision humaine. Dans la solution que nous repoussons, il en existe un non moins grave, celui d'un bénéfice illicite que ferait la Banque, par suite de la perte ou de la destruction des billets. Entre ces deux dangers à éviter, s'ils devaient être un motif de notre décision, nous accepterions le premier qui, en fait, se trouve de beaucoup mitigé par la difficulté de prouver, d'une manière irréfragable la destruction des billets.

Donc, le propriétaire d'un billet de banque perdu ou détruit a le droit de faire opposition au paiement au siège de la Banque, de faire la preuve de la destruction et d'en obtenir le remboursement.

POSITIONS

—

Droit Romain

I. — L'usucapion est un mode *dérivé* d'acquérir la propriété.

II. — La *litis contestatio* interrompt la prescription de long temps.

III. — Pour faire les fruits siens, il faut être de bonne foi, non seulement au moment de l'entrée en possession mais aussi à celui de la perception des fruits.

IV. — La fusion des interdits *Utrubi* et *Uti possidetis* n'est guère antérieure à Justinien.

V. —— Par la Publicienne, le possesseur triomphe des tiers et non du propriétaire.

—

Histoire du droit

I. — Le principe « meuble n'a suite » n'existait pas dans les lois barbares

II. — Le droit coutumier admettait généralement la revendication des meubles.

Droit Civil

I. — Par le seul fait de sa possession, tout possesseur peut repousser la revendication du propriétaire, en invoquant la maxime de l'article 2,279.

II. — L'article 1,141 ne fait pas de la tradition un mode de la translation de la propriété des meubles.

III. Après un délai de 3 ans depuis le vol, le possesseur de bonne foi de la chose volée est couvert par la maxime de l'article 2,279 contre la revendication du propriétaire.

IV. — L'aquéreur de bonne foi d'un dépositaire infidèle triomphe de la renvendication du *propriétaire* par la maxime « en fait de meubles, possession vaut titre. »

V. — Le propriétaire, dont la chose a été donnée en gage par un tiers, ne peut évincer le créancier gagiste.

VI. — Le cohéritier détenteur des valeurs de la succession et soupçonné de détournement, n'est pas tenu de faire la preuve d'un juste titre d'acquisition ; ses cohéritiers doivent, pour triompher, établir qu'il ne détient ces valeurs que par suite d'un délit ou d'un quasi-délit.

VII. — Le possesseur de bonne foi d'un manuscrit, acheté dans une vente publique, n'est pas tenu de justifier de l'abandon volontaire par l'auteur.

Droit Commercial

I. — Le jugement déclaratif de faillite rend exigibles les créances hypothécaires non échues et permet aux créanciers de recourir à des voies d'exécution.

II. — Le propriétaire d'un billet de banque détruit a le droit d'en prouver la destruction et d'obtenir le remboursement de la Banque.

Droit International

La loi du 15 juin 1872 ne s'applique pas aux valeurs étrangères, en ce qui concerne le paiement des intérêts et dividendes et le remboursement du capital.

Vu par le Président de la thèse:
CAREL.

Vu par le Doyen:
C. DEMOLOMBE.

Vu et permis d'imprimer ·
Le Recteur, LIARD.

TABLE DES MATIÈRES.

Périgueux. — Imprimerie DUPONT et Cᵉ. — Décembre 82.